À NOUS DEUX.

À 16 ANS, C'EST LE PREMIER ENTRETIEN QUE JE PASSE POUR DÉCROCHER UN TRAVAIL D'ÉTÉ.
BONJOUR !
FERMEZ LA PORTE, S'IL VOUS PLAÎT.

J'AI TOUTES MES CHANCES, VU QUE MON PÈRE TRAVAILLE DANS CETTE USINE DEPUIS 30 ANS.
IL FAIT QUOI ICI ?
DESSINATEUR INDUSTRIEL.
TOUT SE PASSE BIEN, SAUF À LA FIN QUAND LE DIRECTEUR ME DIT :
VOUS SAVEZ QU'ON NE VIENT PAS ICI POUR JOUER ?
CE N'EST PAS UN TERRAIN DE JEU.
?!
EUH... OUI...
BIEN SÛR...
ÉVIDEMMENT...
QUELLE IDÉE...
C'EST CERTAIN...
HA HA !
L'ENTRETIEN SE TERMINE SUR CE CAFOUILLAGE.
DEUX JOURS PLUS TARD.
J'ESPÈRE BIEN, MOI JE SUIS VENU ICI POUR TRAVAILLER, PAS POUR JOUER !
MAIS OUI !
VOILÀ !
L'ESPRIT D'ESCALIER
QUINZE JOURS PLUS TARD, JE REÇOIS UN COUP DE FIL DE L'USINE, JE SUIS EMBAUCHÉ.
OK !
MERCI.

SITUÉE À L'EMBOUCHURE DE LA RIVIÈRE SAINT-CHARLES, L'USINE DE PÂTE ET PAPIER DE QUÉBEC FAIT FACE À LA VIEILLE VILLE.
ON NE PEUT PAS LA RATER AVEC SES COLONNES DE FUMÉE QU'ELLE CRACHE EN PERMANENCE.
ET SI ON NE LA VOIT PAS, ON ARRIVE TOUJOURS À SENTIR SON ODEUR DE SOUFRE QUAND LE VENT SOUFFLE DU MAUVAIS CÔTÉ.

FONDÉE EN 1927, C'EST L'ANGLO POUR L'ANGLO-CANADIAN PULP AND PAPER MILLS (ANGLO-CANADIEN).
1975, LA REED PAPER, DU NOM DU PROPRIÉTAIRE, ALBERT EDWIN REED (ANGLAIS).
1988 : DAISHOWA (JAPONAIS).
2001 : PAPIERS STADACONA (AMÉRICAIN).
ET DEPUIS 2004, C'EST LA WHITE BIRCH (AMÉRICAIN).

L'ANGLO, LA REED, DAISHOWA, J'AI ENTENDU MON PÈRE UTILISER SUCCESSIVEMENT TOUS CES NOMS POUR DÉCRIRE SON LIEU DE TRAVAIL.
CHEZ MON PÈRE.
MOI, À TON ÂGE...
MAIS LE PLUS SOUVENT, IL DISAIT LA "SHOP"...
C'EST TOUJOURS COMME ÇA...
LES GARS À LA SHOP ILS AIMERAIENT BIEN ME VOIR PARTIR...
MAIS J'VAS TE DIRE UNE CHOSE...
OU LE "MOULIN".
AVEC LES NOUVELLES MACHINES...
ILS RECYCLENT DE PLUS EN PLUS AU MOULIN.
C'EST PU COMME AVANT.
BONJOUR.
POUR LES OUVRIERS, C'EST DE QUEL CÔTÉ?
PREMIÈRE JOURNÉE.
AU FOND!
ALLEZ-Y!

JE ME RETROUVE AVEC DEUX AUTRES GARÇONS DE MON ÂGE À REGARDER UNE VIDÉO SUR LA SÉCURITÉ AU TRAVAIL.
LES ÉLÉMENTS MOTEURS VONT DÉPLOYER...
ÇA DOIT ÊTRE UN TRUC OBLIGATOIRE.
ON SE SÉPARE, JE ME RENDS AU VESTIAIRE POUR METTRE DES BOTTES ET UN SHORT.
JE PASSE DANS LA "SALLE DES MACHINES" OÙ ON ME PRÉSENTE UN GRAND GARS D'UNE TRENTAINE D'ANNÉES QUI VA S'OCCUPER DE MON APPRENTISSAGE.
IL EST SYMPA, MAIS UN PEU TROP CHALEUREUX À MON GOÛT.

JE VAIS OCCUPER LE POSTE DE PAPETIER 6e MAIN.

QUATRE MACHINES GROSSES COMME DES LOCOMOTIVES TOURNENT 24 HEURES SUR 24 POUR FOURNIR DU PAPIER JOURNAL À DES CLIENTS COMME LE "NEW YORK TIMES".

EN GROS, DES BILLOTS DE BOIS SONT TRANSFORMÉS EN UNE PÂTE QUI SERA SUCCESSIVEMENT ÉCRASÉE, SÉCHÉE ET ENROULÉE SUR DES ROULEAUX GIGANTESQUES.

UNE DEUXIÈME MACHINE FINIRA D'ENROULER ET DE DÉCOUPER LE PAPIER DE FAÇON PLUS COMPACTE SELON LA DEMANDE DU CLIENT.
ON SE CROIRAIT DANS UN SAUNA...
IL FAUT HURLER POUR S'ENTENDRE.
ET C'EST TELLEMENT BRUYANT QU'ON PORTE DES BOUCHONS EN PERMANENCE.
J'AI VU QUELQUES VIEUX GARS SANS AUCUNE PROTECTION.
À MON AVIS, ILS DOIVENT ÊTRE COMPLÈTEMENT SOURDS.
POUR LES OUVRIERS, LA SEMAINE DE TRAVAIL SE RÉPARTIT EN 4 JOURNÉES DE 12 HEURES.

C'EST UN RYTHME QUI A ÉTÉ NÉGOCIÉ PAR LE SYNDICAT, LES GARS PRÉFÈRENT AVOIR UN JOUR DE PLUS POUR LE WEEK-END.
DONC, ON EST LÀ POUR 12 HEURES, DE 7 HEURES DU SOIR À 7 HEURES DU MATIN.
IL ME RESTE ENCORE 11 HEURES POUR CETTE PREMIÈRE JOURNÉE. JE TROUVE ÇA DÉJÀ LONG.
JE COMMENCE PAR APPRENDRE À MANIPULER LA GRUE.
Djiiiii
VAS-Y, PÈSE !
KLANG
Djiiiii

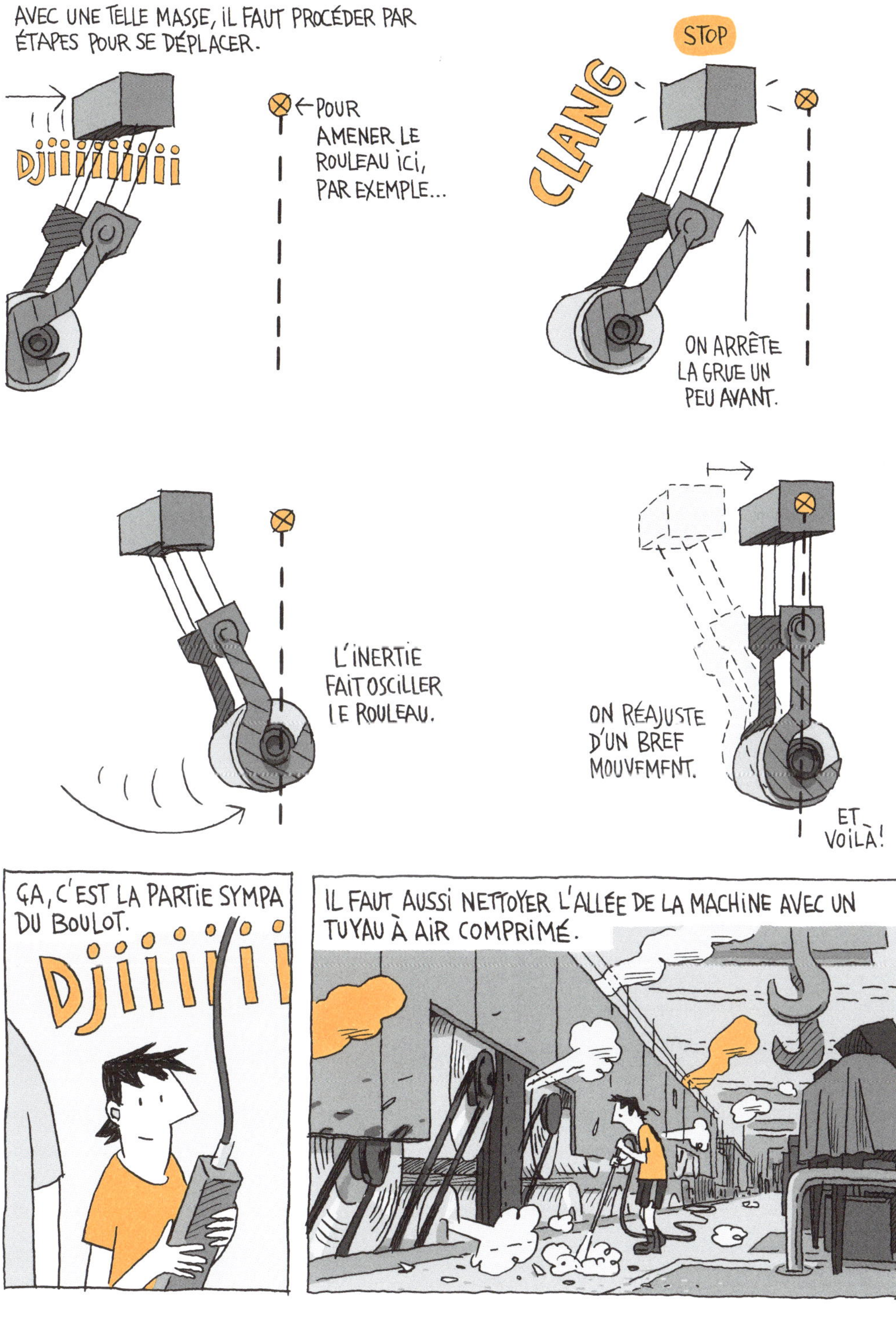
AVEC UNE TELLE MASSE, IL FAUT PROCÉDER PAR ÉTAPES POUR SE DÉPLACER.
Djiiiiiiii
POUR AMENER LE ROULEAU ICI, PAR EXEMPLE...
STOP
CLANG
ON ARRÊTE LA GRUE UN PEU AVANT.
L'INERTIE FAIT OSCILLER LE ROULEAU.
ON RÉAJUSTE D'UN BREF MOUVEMENT.
ET VOILÀ !
ÇA, C'EST LA PARTIE SYMPA DU BOULOT.
Djiiiii
IL FAUT AUSSI NETTOYER L'ALLÉE DE LA MACHINE AVEC UN TUYAU À AIR COMPRIMÉ.

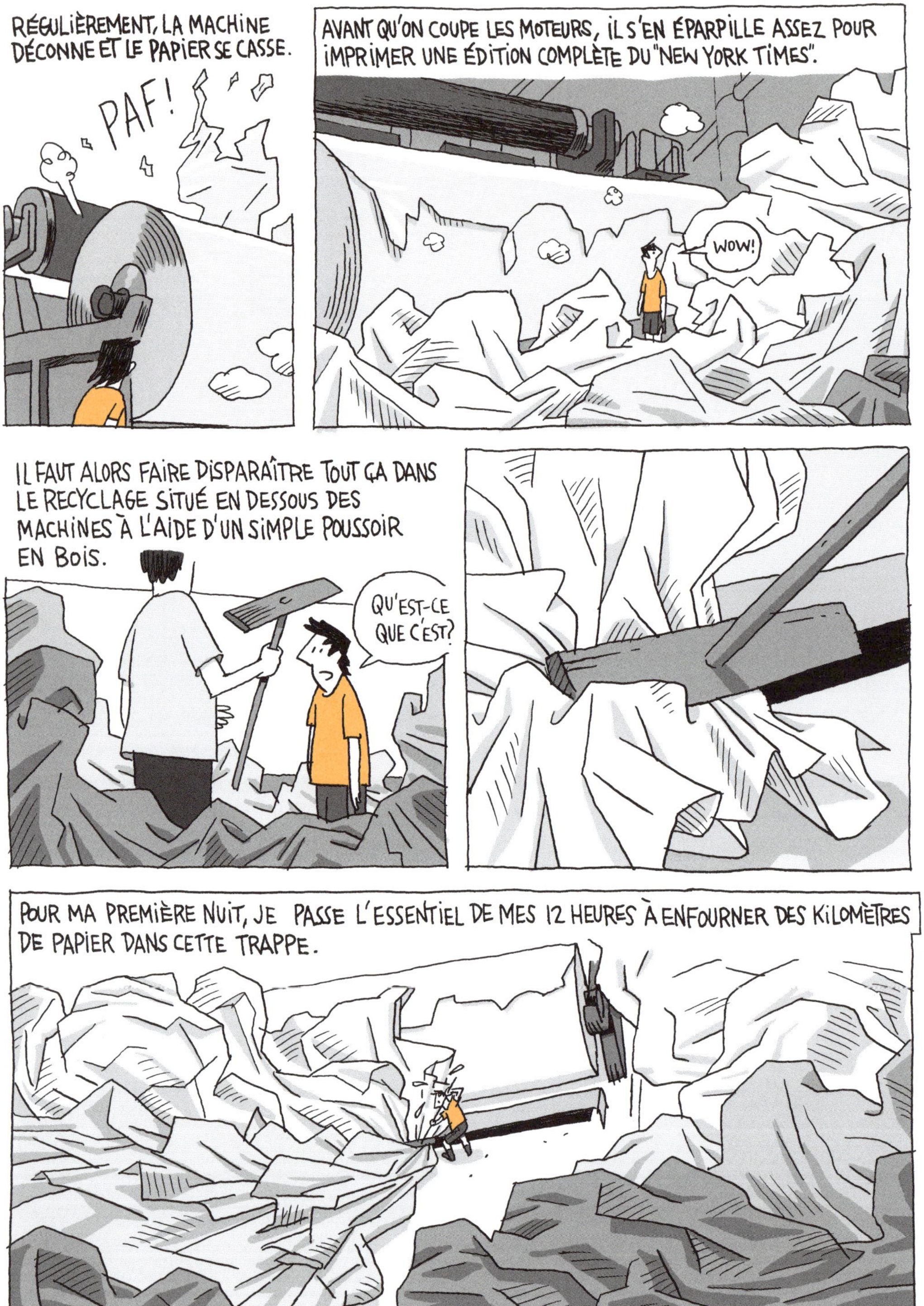
RÉGULIÈREMENT, LA MACHINE DÉCONNE ET LE PAPIER SE CASSE.
PAF!
AVANT QU'ON COUPE LES MOTEURS, IL S'EN ÉPARPILLE ASSEZ POUR IMPRIMER UNE ÉDITION COMPLÈTE DU "NEW YORK TIMES".
WOW!
IL FAUT ALORS FAIRE DISPARAÎTRE TOUT ÇA DANS LE RECYCLAGE SITUÉ EN DESSOUS DES MACHINES À L'AIDE D'UN SIMPLE POUSSOIR EN BOIS.
QU'EST-CE QUE C'EST?
POUR MA PREMIÈRE NUIT, JE PASSE L'ESSENTIEL DE MES 12 HEURES À ENFOURNER DES KILOMÈTRES DE PAPIER DANS CETTE TRAPPE.

DES CABINES INSONORISÉES SONT PLACÉES ENTRE LES MACHINES POUR SOUFFLER UN COUP.
DANS UN COIN Y'A LA TÉLÉ, ET DANS L'AUTRE, LA CLIM QUI PERMET DE SURVIVRE À CE SAUNA INFERNAL.
LES VIEUX PORTENT DES PANTALONS, LES JEUNES DES SHORTS.
AVEC CETTE CHALEUR, JE COMPRENDS PAS COMMENT ON PEUT TENIR EN PANTALON.
FAUT PAS T'EN FAIRE, ICI ON EST DES GARS BEN CHALEUREUX.
MOI, QUAND J'AI COMMENCÉ ICI, JE PENSAIS ÊTRE TOMBÉ SUR UNE "GANG" DE TAPETTES.
HA HA HA!
HA HA!
RIRE JAUNE

J'AI QUAND MÊME POGNÉ LE GROS SIMON DANS LA DOUCHE L'AUTRE FOIS.
HA HA !
C'EST VRAI ! DEMANDE-LUI... IL S'EST PENCHÉ POUR PRENDRE LE SAVON ET HOP !... J'EN AI PROFITÉ.
DIRECT DANS L'ANUS.
N'IMPORTE QUOI !
VAS-Y, DEMANDE-LUI SI TU ME CROIS PAS !
ATTENDS, JE TE L'APPELLE !
PAS LA PEINE.
Y'EST LÀ-BAS !
PAF !
SHIT !
HEY ! GROS SIMON !

EN DESSOUS, LE PAPIER DESCEND LE LONG D'UN COURANT PÂTEUX POUR SE FAIRE BROYER UN PEU PLUS LOIN EN AVAL.
ON RACONTE QU'ON A PLACE CETTE PROTECTION AU-DESSUS DE LA TRAPPE APRÈS QU'UN GARS, UN JOUR, EST TOMBÉ DEDANS.
BEUH !
BON, UNE PETITE PAUSE BIEN MÉRITÉE S'IMPOSE.
PAF!
J...
JE...
N'EN ...
PEUX ...
PLUS !

VERS 4 HEURES DU MATIN, JE ME DIS QUE CE TRAVAIL EST VRAIMENT CREVANT.
JE ME DEMANDE MÊME SI JE VAIS TENIR JUSQU'AU BOUT.
PAF!
JE SUIS MORT.
AU PETIT MATIN, UN DES BOSS M'OFFRE UN COCA ET ME DIT DE SOUFFLER UN COUP.
MERCI.
ON FAIT DES TESTS.
PAF!
COMMENT ARRIVENT-ILS À PRODUIRE DU PAPIER AVEC DES MACHINES QUI PÈTENT SANS ARRÊT ?
IL M'EXPLIQUE QUE C'EST UNE NOUVELLE MACHINE ET QU'ELLE EST EN PÉRIODE D'AJUSTEMENT.
AH! C'EST PAS TOUJOURS COMME ÇA?
À 7 HEURES, UN AUTRE JEUNE VIENT ME REMPLACER.
SORTIR D'ICI AU PLUS VITE.

PREMIÈRE NUIT TERMINÉE, JE PASSE AU VESTIAIRE.
UNE P'TITE BIÈRE ?
J'ÉVITE LA DOUCHE.
J'EN PRENDRAI PLUTÔT UNE À LA MAISON VU QUE JE DOIS GRIMPER LE BOULEVARD HENRI-BOURASSA QUI MONTE EN LIGNE DROITE JUSQU'EN HAUT DU PLATEAU DE CHARLESBOURG.
CLAC!
CHEZ MOI, MALGRÉ LA FATIGUE, JE NE M'ENDORS PAS FACILEMENT.
JE VOIS DU PAPIER PARTOUT.

CURIEUSEMENT, LES HORAIRES DE TRAVAIL NE SONT PAS DISTRIBUÉS À L'AVANCE.
C'EST DANS LA JOURNÉE QU'ON REÇOIT UN COUP DE FIL POUR TRAVAILLER LE SOIR MÊME.
DRING!
VVV!
UN JOUR, J'EN PARLE AU GARS QUI S'OCCUPE DE LA GESTION DES HORAIRES, MAIS IL N'EST PAS TRÈS RÉCEPTIF À MES SUGGESTIONS.
ET SI ON ESSAYAIT DE...
ÇA FAIT 20 ANS QUE JE FAIS COMME ÇA.
RATER UN APPEL VEUT DIRE RATER PAS MAL D'ARGENT.
ET PLUS ON RATE D'APPELS, PLUS ON A DE RISQUES D'ÊTRE OUBLIÉ.
BREF, JE PASSE MON ÉTÉ À CÔTÉ DU TÉLÉPHONE.
DRING!
TU VIENS AU "PARTY" CHEZ ÉRIC, CE SOIR?
BAH EUH... JE SAIS PAS.
Y'AURA MARION.
AH, ELLE SERA LÀ ?
OUI.
BEN, JE VAIS VOIR... ÇA DÉPEND SI JE TRAVAILLE OU PAS.

scritch scritch !
DRING!
TU PEUX RENTRER À L'USINE À SOIR ?
EUH... OUI.
OK.
QUELQUE PART, ÇA M'ARRANGE D'AVOIR UNE EXCUSE POUR ÉVITER DE SORTIR. L'ADOLESCENT QUE JE SUIS N'EST PAS TRÈS À L'AISE EN SOCIÉTÉ.
scritch scritch !
JE PRÉFÈRE M'ABSORBER DANS MES DESSINS.
C'EST À CETTE ÉPOQUE QUE JE COMMENCE À BOIRE DU CAFÉ POUR ME TENIR ÉVEILLÉ PENDANT CES LONGUES NUITS BLANCHES.
POUAH! ...
C'EST ÇA, LE CAFÉ?
SALUT, M'MAN!
BONJOUR.
BONJOUR...
ET BONNE NUIT!

DANS LE VESTIAIRE, JE RENCONTRE UN JEUNE OUVRIER, UN PERMANENT, PAS COMME MOI QUI NE SUIS LÀ QUE POUR L'ÉTÉ.
SALUT!
IL EST GENTIL MAIS IL A L'AIR UN PEU FOU.
HA HA!
TU FAIS DE LA MOTO, TOI ?
AH NON.
J'AI UNE MOTO À VENDRE...
JE PENSAIS FAIRE UNE LOTERIE.
VENDRE 20 BILLETS À 10 DOLLARS CHAQUE!
QU'EST-CE T'EN PENSES ?
HA HA!
UNE LOTERIE ! T'ES SÉRIEUX ?
POURQUOI TU ESSAIES PAS LES PETITES ANNONCES ?
HA HA!
HA HA!
ALLEZ!
ATTENTION
WWWRRR
C'EST PARTI.

JE DÉPOSE MA PANOPLIE DE 6e MAIN SUR LE COIN DE LA MACHINE.
UN CUTTER AVEC DES LAMES JETABLES ET UN CURIEUX OBJET EN PLASTIQUE...
REED
DONT J'APPRENDRAI L'UTILISATION PLUS TARD.
JE PASSE CHEZ LE REPRÉSENTANT SYNDICAL POUR SIGNER LA CONVENTION COLLECTIVE.
HELLO!
DU SEL DANS LE CAFÉ?
Toujours!
CAFÉ
ÇA ENLÈVE L'AMERTUME!
AH BON...
FAUDRA QUE J'ESSAIE.
JE CONTINUE MA FORMATION.
CLANG
CETTE NUIT, ON TRAVAILLE SUR LA MACHINE NUMÉRO 2, C'EST PLUS CALME.

DANS LA CABINE, LES GARS PARLENT DES RÉNOVATIONS QU'ILS FONT DANS LEUR MAISON.
JE ME SUIS PRIS UN PETIT POSTE À SOUDER.
MIG OU TIG ?
JE ME SENS À DES ANNÉES-LUMIÈRE DE LEURS PRÉOCCUPATIONS.
LE PROCHAIN ROULEAU VA BIENTÔT ÊTRE PLEIN.
CRAC!
ON ENTEND UN BRUIT SUSPECT.
LE PAPIER N'A PAS CASSÉ MAIS IL Y A UN PROBLÈME À CET ENDROIT.
LE 5E MAIN MARQUE LA ZONE AVEC UN GROS CRAYON DE CIRE.
ON MET LE ROULEAU DE CÔTÉ ET ON LE LAISSE SUSPENDU À LA GRUE.
IL FAUT SE DÉBARRASSER DE LA MAUVAISE SECTION. C'EST LA PARTIE DU TRAVAIL QUI DEMANDE LE PLUS DE DOIGTÉ.

SUR TOUTE LA LONGUEUR DU ROULEAU, ON COUPE UNE TRANCHE DE PAPIER DE L'ÉPAISSEUR DE LA LAME DU CUTTER.
CRR...
CRRRRRRRRRR
ON SE RETROUVE AVEC DU PAPIER QUI PEND DE CHAQUE CÔTÉ.
SI ON COUPE TROP HAUT DANS LE ROULEAU, LA TRANCHE DE PAPIER NE TIENT PAS EN ÉQUILIBRE.
PLAF!
MERDE!

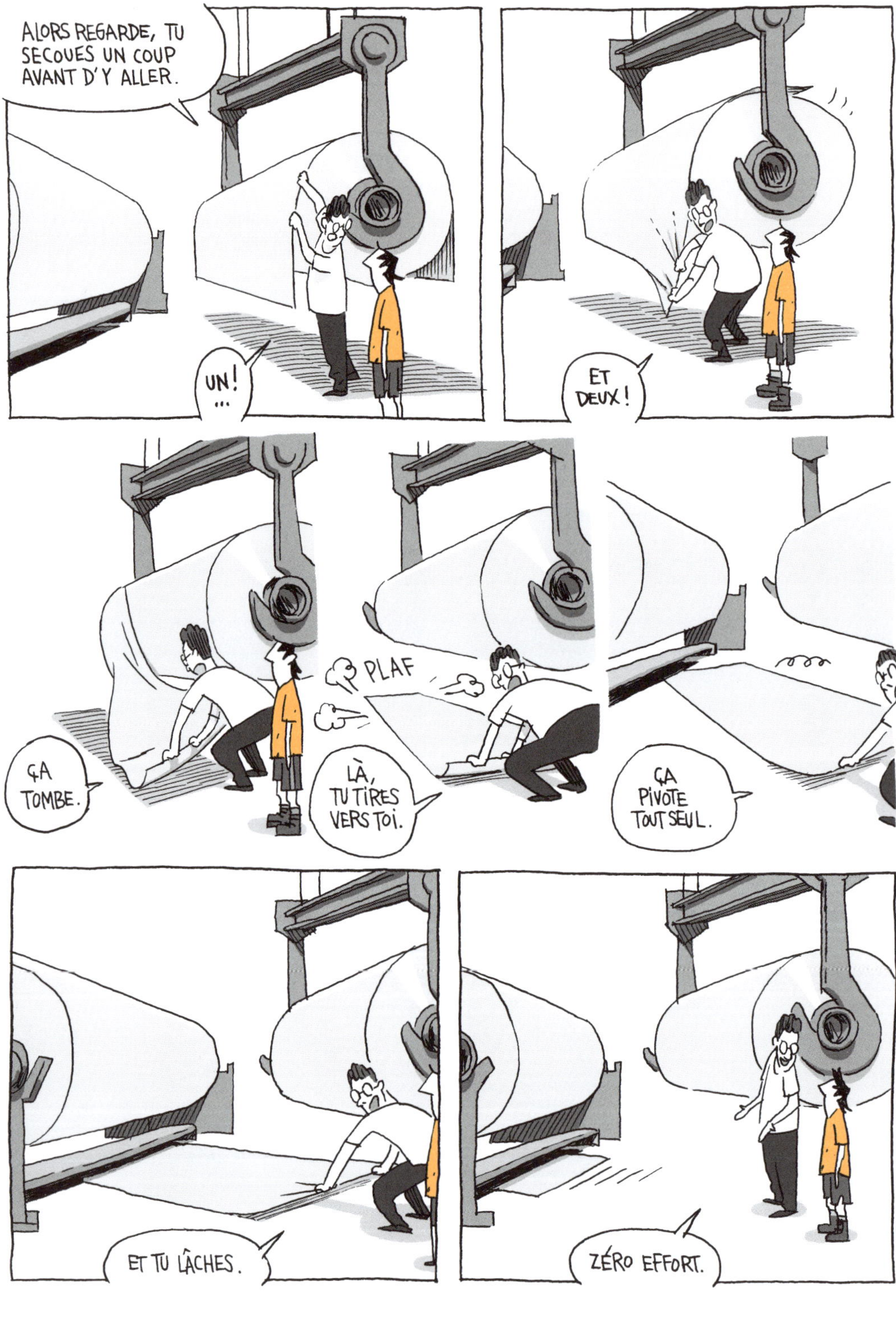
ALORS REGARDE, TU SECOUES UN COUP AVANT D'Y ALLER.
UN! ...
ET DEUX!
ÇA TOMBE.
PLAF
LÀ, TU TIRES VERS TOI.
ÇA PIVOTE TOUT SEUL.
ET TU LÂCHES.
ZÉRO EFFORT.

VOYONS VOIR...
UN!
DEUX!
PLAF!

J'AI PAS TOUT INTÉGRÉ DU PREMIER COUP.
OUF !
SUR LE FRONTON DE LA MACHINE, ON PEUT VOIR LE LOGO DU CONSTRUCTEUR.
1927 CHARLES WALMSLEY & Co LTD ·ENGLAND·
1927, ÇA CORRESPOND À L'ANNÉE DE L'OUVERTURE DE L'USINE.
À L'ÉPOQUE, L'ANGLETERRE IMPLANTAIT SES INDUSTRIES ET SES MACHINES DANS SES COLONIES.
C'EST QUAND MÊME INCROYABLE QUE CES VIEUX ENGINS TOURNENT TOUJOURS...
ILS ONT DÛ ÊTRE PASSABLEMENT MODIFIÉS POUR TENIR TOUTES CES ANNÉES.
DES GÉNÉRATIONS D'INGÉNIEURS SE SONT RELAYÉES POUR ARRIVER À FAIRE TOURNER TOUTE CETTE MÉCANIQUE 24 HEURES SUR 24 ET 363* JOURS PAR ANNÉE.
* L'USINE S'ARRÊTE LE JOUR DE L'AN ET LE 1er MAI.

TARD DANS LA NUIT, JE VOIS LE JEUNE GARS UN PEU FOU VENDRE UN BILLET À UN OUVRIER DE LA 3.
SUR LA CABINE, UN CADRAN INDIQUE L'HEURE.
2H51
J'AI JAMAIS VU DES MINUTES PASSER AUSSI LENTEMENT DE MA VIE.
2H51
J'AI RÉGULIÈREMENT CRU QU'ELLE ÉTAIT EN PANNE.
2H52
RHÂ! C'EST TOUT!
LE PLUS SOUVENT, QUAND JE SUIS DANS LA CABINE, PERSONNE NE S'OCCUPE DE MOI.
QUI C'EST QUI A FERMÉ LA TÉLÉ?
Y'A RIEN À C'T'HEURE CITTE!
ET TOI, TU FAIS QUOI COMME ÉTUDES?
QUI, MOI?
CIBOIRE DE CRISS!
OUI, TOI. T'ES ÉTUDIANT, NON?
C'EST L'INDIEN.
EUH ... OUI.
Y'A RIEN.
FUCK!
JE ...
JE FAIS DES ÉTUDES EN ARTS PLASTIQUES.

EN QUOI ?
EN ARTS PLASTIQUES !
MAIS QU'EST-CE QUE TU VAS FAIRE AVEC ÇA ?
BAH... JE SAIS PAS ...
J'AIME BIEN DESSINER.
TON PÈRE EST PAS INGÉNIEUR DANS LES BUREAUX ?
OUI... EUH... DESSINATEUR INDUSTRIEL, EN FAIT.
BEN POURQUOI TU FAIS PAS AVOCAT OU MÉDECIN ?
EUH...
TOUS LES JEUNES QUI ONT UN PÈRE INGÉNIEUR À L'USINE ÉTUDIENT EN DROIT OU EN MÉDECINE.
BLAM
AH BON ?!
HÉ ! TU DEVINERAS JAMAIS EN QUOI IL ÉTUDIE !

DJIIIIIII
BANG!
SUR LA PREMIÈRE MACHINE, J'APERÇOIS UN 6e MAIN APPUYÉ CONTRE LA GRUE QUI LIT UN LIVRE.
MMM ...
IL A CALÉ DU PAPIER POUR SE FAIRE UN COUSSIN.
JE PRENDS BONNE NOTE DE CETTE TECHNIQUE.

IL A DE L'EXPÉRIENCE, ÇA DOIT ÊTRE UN ÉTUDIANT QUI EST LÀ DEPUIS QUELQUES ÉTÉS.
ENFIN !
LE SOLEIL SE LÈVE, LA RELÈVE NE VA PLUS TARDER.
AU PETIT MATIN, LES GARS SE DONNENT RENDEZ-VOUS À LA BRASSERIE DU COIN.
?
ALLER BOIRE DES BIÈRES APRÈS UNE NUIT BLANCHE À BOSSER, TRÈS PEU POUR MOI.
JE NE SUIS PAS VRAIMENT CONVIÉ, DE TOUTE FAÇON.
MON REMPLAÇANT ARRIVE À SEPT HEURES PILE.
COURAGE.
BYE !
JE CROISE LE JEUNE LECTEUR DE TOUT À L'HEURE. C'EST SON PREMIER ÉTÉ.
AH BON ? MOI AUSSI.
EH BIEN, Y'EN A QUI S'ADAPTENT VITE.
JE RENTRE CHEZ MOI CREVÉ ET LÉGÈREMENT VEXÉ.
UN FUTUR MÉDECIN, SANS DOUTE.

EST
DEPUIS PEU DE TEMPS, J'AI UNE PIÈCE POUR MOI OÙ JE PEUX DESSINER.
JE SUIS DANS LE SOUS-SOL SUR UNE TABLE QUE MON FRÈRE M'A CONSTRUITE.
SUR LE MUR, J'AI COLLÉ LA REPRODUCTION D'UNE PAGE DU "ARZACH" DE MŒBIUS QUE J'AI DÉCOUVERT À LA MÉDIATHÈQUE.
CETTE PAGE ME FASCINE.
JE PASSE PLUS DE TEMPS À L'OBSERVER QU'À TRAVAILLER SUR MES PROJETS.

TU ME MASSES LE PIED ?
AH! EUH... OUI.
DANS L'APPARTEMENT D'UN COPAIN.
♪ Old man take a look at my life...
WOW! ÇA DOIT ÊTRE TELLEMENT COOL D'AVOIR SON ESPACE POUR VIVRE.
OUAIS, BEN L'FUN.
HÉ! TOI QUI DESSINES BIEN, QU'EST-CE QUE TU PENSES DE ÇA ?
SUPER!
PEUT-ÊTRE QUE LA PERSPECTIVE FOIRE UN PEU EN BAS.
AH BON!? MAIS NON, ÇA, C'EST POUR FAIRE UN STYLE.
AH, OK.
TU IRAS AU VERNISSAGE JEUDI PROCHAIN ?
OUI.
COMME ÇA, ÇA VA?
TRÈS BIEN, NE T'ARRÊTE PAS.

MON APPRENTISSAGE EST TERMINÉ. ENFIN PRESQUE, UN 5E MAIN M'ENCADRE ENCORE UN PEU.
JAKE
IL PARLE FRANÇAIS AVEC UN GROS ACCENT, C'EST UN ANGLOPHONE.
C'EST TOO BAD QUE TU PARLES PAS ENGLISH, J'AURAIS PU TE DONNER UN MEILLEUR TRAINING.
À QUÉBEC, LES ANGLOPHONES FORMENT UNE TOUTE PETITE COMMUNAUTÉ. C'EST LA PREMIÈRE FOIS QUE J'EN CROISE UN.
TOO BAD, OUI.
À L'ÉPOQUE, MON ANGLAIS ÉTAIT TRÈS MAUVAIS.
JAKE CONTRASTE PAS MAL AVEC LE RESTE DES OUVRIERS QUI, POUR LA PLUPART, COMPTENT TRAVAILLER ICI TOUTE LEUR VIE.
PLUS EASY SI TU LAISSES PASSER DE L'AIR AVANT.
YES!
LE SOIR, IL SUIT DES COURS DE PSYCHOLOGIE À L'UNIVERSITÉ.
À LAVAL.
UN JOUR, IL ESPÈRE QUITTER CETTE USINE POUR ALLER TRAVAILLER DANS CE SECTEUR.
WHY NOT?
PENDANT CE PREMIER ÉTÉ, JE LE CROISE SOUVENT ET C'EST TOUJOURS UN PLAISIR DE TRAVAILLER AVEC LUI.

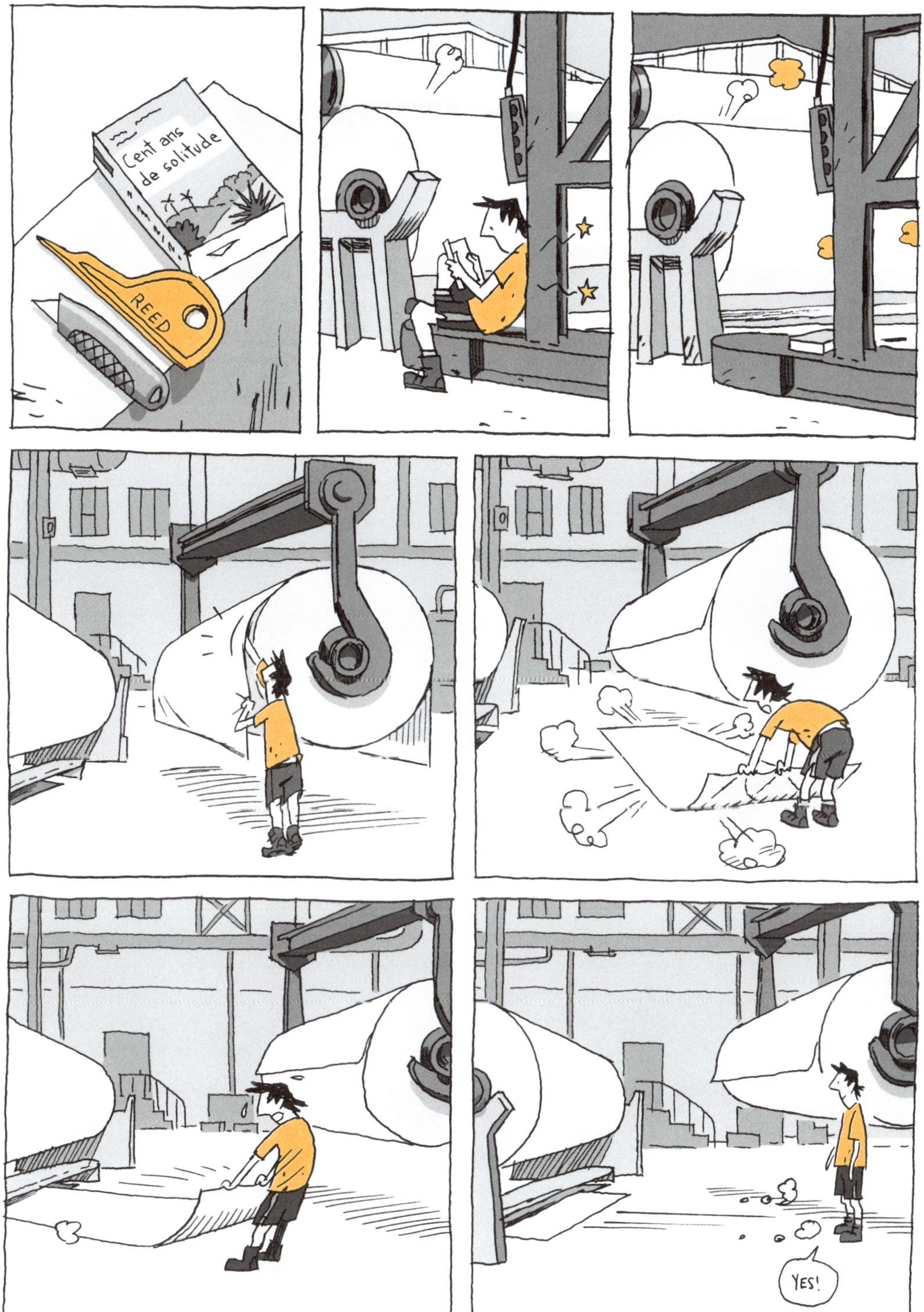
Cent ans de solitude
REED
YES!

JE ME SOUVIENS D'AVOIR ÉTÉ TÉMOIN D'UNE SURPRENANTE CONVERSATION DANS LA CABINE.
DEPUIS QUE MA FEMME EST ENCEINTE, J'OSE PLUS LA TOUCHER.
TU DEVRAIS EN PROFITER, ÊTRE ENCEINTE N'A JAMAIS EMPÊCHÉ DE FAIRE L'AMOUR.
SI TU NE LA TOUCHES PLUS, ELLE VA SE SENTIR DÉLAISSÉE ET ÇA, C'EST PAS BON POUR TON COUPLE.
MÊME AU 9e MOIS, IL EST POSSIBLE DE PRATIQUER UNE SODOMIE, ÇA VAUT MIEUX QUE DE VOIR S'INSTALLER UN SENTIMENT D'ABANDON.
MMM...
ELLE DOIT SE SENTIR DÉSIRÉE, MÊME ENCEINTE.
SURTOUT ENCEINTE !
AH !
OK.
THANKS !
J'VAS PENSER À ÇA.
PREMIÈRE CONSULTATION ?
HA HA ! PEUT-ÊTRE, OUI.

DDJJiiii
KLANG!
ALORS QUE JE DÉPLACE UN ROULEAU, UN DES GARS ME FAIT DES GRANDS GESTES.
IL ME PREND LA COMMANDE DES MAINS ET LE REPOSE RAPIDEMENT
JE ME FAIS COPIEUSEMENT ENGUEULER.
APPAREMMENT, J'AVAIS MAL ENGAGÉ LE CROCHET À L'AUTRE BOUT DU ROULEAU, QUI TENAIT DANGEREUSEMENT EN ÉQUILIBRE.
J'IMAGINE LA CATASTROPHE SI UN ROULEAU AVEC UN TEL POIDS TOMBAIT...

JE RECROISE SOUVENT CE GARS QUI A MANIFESTEMENT UNE DENT CONTRE LES JEUNES.
ALLEZ, VA BOSSER!
ÉCOUTE-LE PAS!
J'EN SUIS MÊME VENU À ME DEMANDER SI CETTE HISTOIRE DE ROULEAU MAL ENGAGÉ ÉTAIT VRAIE.
SI C'ÉTAIT PAS JUSTE UN MOYEN DE PRESSION POUR ASSEOIR SON AUTORITÉ.
APRÈS TOUT, IL N'YA QUE LUI COMME TÉMOIN DE CETTE ERREUR.
C'EST PEUT-ÊTRE TOTALEMENT INVENTÉ OU PEUT-ÊTRE QUE JE ME RACONTE DES HISTOIRES POUR ME RASSURER?
BAH! PEU IMPORTE.
PAF

GUY, TU PEUX ALLER CHERCHER DU PAIN CHEZ LE DÉPANNEUR?
JE CROISE UN GARS PLUS ÂGÉ QUE MOI QUE JE CONNAIS UN PEU. J'AI DÉJÀ VU DES DESSINS QU'IL FAIT, ET C'EST VRAIMENT BIEN.
J'ÉTUDIE À TORONTO DANS UNE ÉCOLE DE DESSIN ANIMÉ.
C'EST BEN COOL.
ÇA EXISTE, ÇA, UNE ÉCOLE DE DESSIN ANIMÉ?
JE SAVAIS PAS.
ET TOI, LES ARTS PLASTIQUES À SAINTE-FOY, T'AIMES-TU ÇA?
OUAIS, ÇA VA.

VERNISSAGE DANS UNE GALERIE.
MARION, DANS UN COIN, DISCUTE AVEC UNE COPINE.
FAUDRAIT QUE J'AILLE LUI PARLER.
OUI, MAIS QUOI LUI DIRE ?
BON, JE FINIS MA BIÈRE ET J'Y VAIS.
ZUT, LES GENS COMMENCENT À PARTIR...
BON, ALLEZ, JE FONCE.
ELLE EST OÙ ?
AH ! ...
LA VOILÀ !
BON SANG... C'EST BIEN MA CHANCE, ÇA...
À BIEN Y SONGER, C'ÉTAIT SÛREMENT ÉVIDENT.
AH LÀ LÀ ...
PFF !

VERS LA FIN DE L'ÉTÉ, ON M'APPELLE PLUSIEURS FOIS POUR TRAVAILLER DURANT LA JOURNÉE.
C'EST MOINS FATIGANT QUE LES HORAIRES DE NUIT.
HÉ !
FINALEMENT, J'AI VENDU TOUS LES BILLETS POUR MA MOTO.
HA HA !
AH !
COOL.
J'AI ORGANISÉ LE TIRAGE DANS LA CANTINE. LE GARS QUI A GAGNÉ ÉTAIT FOU DE JOIE.
HA HA !
ET J'AI EMPOCHÉ 200 DOLLARS !
EN TOUT CAS, MERCI POUR TON CONSEIL !
EUH ! ...

C'EST PLUS ANIMÉ DURANT LA JOURNÉE QUE LA NUIT.
LES GARS DES AUTRES SECTEURS VONT ET VIENNENT AUTOUR DES MACHINES.
ON VOIT DES INGÉNIEURS QUI PORTENT DES CASQUES DE CHANTIER.
C'EST MÊME À ÇA QU'ON LES RECONNAÎT.
INGÉNIEURS ET OUVRIERS.
DEUX MONDES.

CEUX QUI ONT FAIT DES ÉTUDES, QUI CONDUISENT DES PROJETS, QUI TRAVAILLENT DANS DES BUREAUX, AU CALME, LÀ-HAUT.
ET CEUX QUI TRAVAILLENT DE NUIT, SYNDIQUÉS CERTES, MAIS QUI S'USENT LA SANTÉ DANS LE BRUIT ET LA CHALEUR, LE SAMEDI ET LE DIMANCHE COMPRIS.
BREF, CEUX QUI FONT TOURNER LES MACHINES ET CEUX QUI LES ONT CONSTRUITES. ENFIN, PAS EUX SPÉCIFIQUEMENT, MAIS D'AUTRES INGÉNIEURS EN 1927, QUELQUE PART EN ANGLETERRE.
REGARDE-LE AVEC SON CASQUE !
IL A PEUR DE QUOI ?
DE SE PRENDRE UNE FEUILLE SUR LA TÊTE ?
HA HA HA HA HA !

DANS L'APRÈS-MIDI, J'APERÇOIS MON PÈRE. IL PASSE ENTRE DEUX MACHINES.
ÇA ME FAIT BIZARRE DE LE VOIR AILLEURS QUE DANS SON APPARTEMENT.
JE DEVRAIS ESSAYER DE LE RATTRAPER.

IL ARRIVE D'OÙ ? DE SON BUREAU ? JE VOIS PAS PAR OÙ IL FAUT PASSER POUR S'Y RENDRE.
IL FAUDRAIT QUAND MÊME QUE JE PROFITE D'ÊTRE ICI POUR PASSER LE VOIR DANS SON MILIEU DE TRAVAIL.
MAIS JE SUIS AUSSI UN PEU NERVEUX À L'IDÉE DE ME RETROUVER SEUL AVEC LUI, COMME À CHAQUE FOIS.
ON HABITE DANS LA MÊME VILLE, À QUELQUES KILOMÈTRES DE DISTANCE, MAIS ON NE SE VOIT PRESQUE JAMAIS.
MES PARENTS SE SONT SÉPARÉS QUAND J'ÉTAIS JEUNE ET MON PÈRE N'A JAMAIS ÉTÉ TRÈS FORT POUR ENTRETENIR DES RELATIONS. MÊME AVEC SES ENFANTS.
AVEC L'ÂGE, IL S'EST ISOLÉ DE PLUS EN PLUS. IL N'A JAMAIS REFAIT SA VIE ET JE NE LUI CONNAIS AUCUN AMI. IL EN A PEUT-ÊTRE ICI, AU "MOULIN".

MON REMPLAÇANT ARRIVE QUINZE MINUTES AVANT SEPT HEURES.
MERCI, C'EST COOL.
BYE.
EN SORTANT, JE CROISE JAKE, LE SYMPATHIQUE ANGLOPHONE. ON DISCUTE UN MOMENT.
LUI, DE SES ÉTUDES DU SOIR, MOI, DE CELLES QUE JE PROJETTE DE FAIRE À TORONTO APRÈS LE CÉGEP.
COMME ÇA, JE VAIS APPRENDRE UN PEU L'ANGLAIS !
HA HA !
GOOD STUFF.
AVEC SA VESTE DE COUREUR DE RALLYE ET SA SUPERBE MOTO, IL A UNE SACRÉE ALLURE.
VROUM
JE NE L'AI PLUS JAMAIS REVU.

APRÈS MA DEUXIÈME ET DERNIÈRE ANNÉE EN ARTS PLASTIQUES, JE ME RETROUVE AVEC UN DIPLÔME D'ÉTUDES COLLÉGIALES. LA PLUS HAUTE ATTESTATION D'ÉTUDES QUE J'ATTEINDRAI DE MA VIE.
ATTENTION...
ROUGE!
30... 29...
28... 27... 26...

25... 24... 23...
22... 21... 20...
19... 18... 17...
GO!
16... 15... 14...
13... 12... 11...
10... 9... 8... 7...
6... 5... 4...
3... 2... 1...
VERT!

L'USINE N'A PAS CHANGÉ, TOUJOURS LÀ À CRACHER SA FUMEE.
LA PILE DE BOIS A DIMINUÉ, MAINTENANT ELLE DÉPASSE À PEINE LE TOIT.
JE RETROUVE LE VESTIAIRE.
MES OUTILS...
LES BOUCHONS...
L'ODEUR, LA CHALEUR ET LE BRUIT DES MACHINES.
VVVVVRRR
Youpi!

JE RECONNAIS QUELQUES TÊTES DE L'ÉTÉ DERNIER.
QUAND JE PENSE QU'ILS ONT PASSÉ TOUTE L'ANNÉE À TRAVAILLER ICI...
DANS LE BRUIT ET LA CHALEUR...
ET QU'ILS VONT PROBABLEMENT CONTINUER COMME ÇA JUSQU'À LA RETRAITE...
J'IMAGINE QUE LE BÉNÉFICE DE TRAVAILLER À L'USINE QUAND ON A MOINS DE 20 ANS, C'EST QU'ON VOIT DE FAÇON CONCRÈTE À QUOI SERVIRONT NOS ÉTUDES.
BON SANG, J'ESPÈRE QUE JE VAIS TROUVER DU BOULOT DANS UN STUDIO D'ANIMATION APRÈS MES TROIS ANNÉES DE FAC.

J'APERÇOIS JIM, LE GRAND GARS CHALEUREUX QUI EST EN TRAIN DE FORMER UN NOUVEAU.
AU MOINS, J'EN AI FINI AVEC CETTE ÉTAPE, PLUS BESOIN DE "TRAINING".
BON SANG, QUELLE CHALEUR.
J'AVAIS OUBLIÉ.
JE RETROUVE LE MANIEMENT DE MA GRUE AVEC PLAISIR.
Djjjj
CLANG
JE RETROUVE LES BONS GESTES.
ET LE TEMPS QUI PASSE AU RALENTI.

PENDANT CETTE PREMIÈRE NUIT, JE RENCONTRE MARC, UN GARS SYMPA ET TRÈS MUSCLÉ.
SALUT !
DEPUIS L'AUTOMNE, IL TRAVAILLE À TEMPS PLEIN.
Ici Radio-Canada !
JE VAIS AU GYM TOUS LES JOURS.
EH BEN.
STP
TU DEVRAIS T'Y METTRE, ÇA TE FERAIT DU BIEN.
AVANT, J'ÉTAIS COMME TOI.
STP
ET MAINTENANT, REGARDE.
MPF !
ON TRAVAILLE SUR LA MÊME MACHINE.
PAF
?
QUAND JE SUIS ENSEVELI SOUS LE PAPIER, IL VIENT ME DONNER UN COUP DE MAIN.
C'EST LE SEUL GARS QUE J'AI VU FAIRE ÇA.

L'ANNÉE DERNIÈRE, J'AI ESSAYÉ DE ME FAIRE ENRÔLER DANS LA POLICE.
ILS ENGAGENT DES GENS SANS DIPLÔME MAINTENANT.
JE VAIS RÉESSAYER CETTE ANNÉE, J'AI PAS ENVIE DE BOSSER DANS CETTE USINE TOUTE MA VIE.
STP
MOI, J'AIMERAIS BIEN LA BRIGADE DES MOTARDS AVEC LEURS GRANDES BOTTES DE CUIR QUI MONTENT JUSQU'AU-DESSUS DU MOLLET.
STP
LA CLASSE !
STP
AVEC UNE CASQUETTE DE POLICIER SUR LA TÊTE, IL POURRAIT ALLER CHANTER AVEC LES "VILLAGE PEOPLE".
JE PENSAIS LUI FAIRE PART DE MON HUMORISTIQUE RÉFLEXION MAIS JE ME RAVISE.
QUI SAIT, MIS À PART D'ÊTRE BÂTI COMME UN TAUREAU, IL EST PEUT-ÊTRE SUSCEPTIBLE ?

LE JOUR SE POINTE, LA RELÈVE ARRIVERA BIENTÔT.
POURVU QUE LE PAPIER TIENNE...

À LA MAISON, JE PASSE LA PLUPART DE MON TEMPS LIBRE À DESSINER DANS LA CAVE.
COMME BEAUCOUP DE GARÇONS DE MON ÂGE, JE ME REPLIE SUR MOI-MÊME.
ET JE COMMUNIQUE AVEC MES PROCHES DE FAÇON HOMÉOPATHIQUE.
À TABLE!
MM...
JE RÊVE À LA RENTRÉE OÙ J'IRAI POURSUIVRE MES ÉTUDES LOIN DU CADRE FAMILIAL.
RHÂ! C'EST NUL.
IL M'ARRIVE DE PARTIR À L'USINE AVEC LE SOULAGEMENT DE QUITTER LA MAISON POUR DOUZE HEURES DE FILE.
IL PLEUT, TU VEUX QUE JE T'EMMÈNE EN VOITURE?
AH! EUH ...
TU DIS JAMAIS RIEN!
BEN, J'SAIS PAS.
J'AI RIEN À DIRE.
BREF, JE SUIS UN ADOLESCENT.

MERCI, M'MAN.
COMME SUR LE PONT D'UN BATEAU, IL FAUT RÉGULIÈREMENT NETTOYER L'ALLÉE DE LA MACHINE.
PETIT À PETIT, DES BOUTS DE PAPIER COUVERTS D'HUILE S'ACCUMULENT LE LONG DES 48 ROULEAUX QUI SÈCHENT LA PÂTE.
DEUX OU TROIS FOIS PAR NUIT, IL FAUT S'Y METTRE.
AVEC UNE MAIN ON ÉCRASE LE TUYAU POUR CONTRÔLER LA PRESSION, ET AVEC L'AUTRE ON DIRIGE LE JET.
TIGE DE FER
RAPIDEMENT, J'AI DES CRAMPES À LA MAIN. IL FAUT DIRE QUE LA PRESSION EST TRÈS FORTE.
HA HA HA !

LES PAPIERS VOLENT DE TOUS LES CÔTÉS. J'AVANCE D'UN PAS, JE RECULE DE DEUX.
RHÂ!
AVEC UN PEU D'HABITUDE, J'ARRIVE À VISUALISER COMMENT ÇA FONCTIONNE.
IL Y A LE JET D'AIR CENTRAL ET, DE CHAQUE CÔTÉ, DES TURBULENCES QUI REMONTENT.
IL FAUT SE L'IMAGINER COMME ON LES REPRÉSENTE DANS LES BANDES DESSINÉES.
AU FINAL, ON PARVIENT À ÊTRE PRÉCIS ET RAPIDE.
PAF

AÏE!
UN DES CHEFS
T'AS ENVOYÉ DU PAPIER DANS LE SÉCHOIR?
QUOI?!
EST-CE QUE TU AS ENVOYÉ DU PAPIER DANS LE SÉCHOIR?
AH...
EUH
JE CROIS PAS...
J'AI PAS VU...
OK! FAIS ATTENTION!
OK!
COMME POUR LE CORDAGE D'UN BATEAU, IL FAUT BIEN ENROULER LE TUYAU QUAND ON A FINI.
PLUS TARD, J'AI APPRIS QU'UN GARS AVAIT COINCÉ SON TUYAU DANS LA MACHINE ET QU'IL S'ÉTAIT FAIT HAPPER PAR LES ROULEAUX.
VU LA VITESSE À LAQUELLE ÇA TOURNE, JE PRÉFÈRE NE PAS IMAGINER LE RÉSULTAT.
AH!
BRAVO!
MPF!
MPF!

DANS LA CABINE, JE CROISE LE GARS DONT LA FEMME ÉTAIT ENCEINTE L'ÉTÉ DERNIER.
HÉ !
T'AURAIS PAS VU LE JEUNE ANGLOPHONE QUI ÉTUDIAIT LA PSYCHO ?
JAKE ?
OUI, C'EST ÇA, JAKE. IL TRAVAILLE ENCORE ICI OU QUOI ?
AH... ON T'A PAS DIT ?
DIT QUOI ?
IL S'EST FAIT FAUCHER.
COMMENT ÇA, FAUCHER ?
EN MOTO AVEC UN COPAIN, ILS SE SONT ABRITÉS D'UNE AVERSE SOUS UN VIADUC QUAND UN POIDS LOURD LES A ÉCRASÉS TOUS LES DEUX.
MORTS SUR LE COUP.
DEUX JEUNES GARS.
C'EST CON.

UNE FOIS PAR ÉTÉ, JE PASSE VOIR MON PÈRE DANS SON APPARTEMENT SURCHAUFFÉ.
J'Y VAIS PARCE QUE C'EST SOCIALEMENT LA CHOSE À FAIRE, D'ALLER VOIR SON PÈRE.
¡ C'EST MOI !
BZZZ
ET QUELQUE PART, JE ME DIS QUE ÇA LUI FAIT PEUT-ÊTRE PLAISIR DE VOIR SON FILS.
TOC TOC !
SALUT !
ENTRE !

JE M'ASSIEDS...
ET ASSEZ RAPIDEMENT LA CONVERSATION TOURNE AU MONOLOGUE.
TU DEV REGARDER ÇA, TOI QU AIMES LE T LE PRÉSEN TATEU
SUR LA BBC, C'EST UN PROG QUE J'E
SOUVENT, IL RESTE DEBOUT À ENCHAÎNER SUJET APRÈS SUJET.
EST DES PROGRAMMES EN ANGLAIS
EN TOUT CAS ILS L'ONT L'AFF AIRE POUR
C'EST BIE FAIT ET C'EST TOUS LES JOUR À CINQ
J'ESSAIE DE DIRIGER LA CONVERSATION VERS QUELQUE CHOSE QUI NOUS CONCERNE TOUS LES DEUX.
J'AI REPRIS, À L'USINE.
À L'USINE?
OUI, À DAISHOWA.
AH, OH!
TU VEUX PAS T'ASSEOIR?
POURQUOI?
BEN, COMME ÇA.
ÇA PEUT MARCHER UN MOMENT MAIS LE NATUREL REVIENT VITE.
ILS NOUS ONT MIS DES NOUVELLES MACHINES À L'USINE.
ÇA CHANGE ENCORE.
ÇA, C'EST D PROGRAMME J'AI LU LA NOTICE
JE ME M SUR L'ORDI NATEUR AV AUTOCAD

IL VIT SEUL DEPUIS LONGTEMPS, IL A PERDU L'HABITUDE D'ÉCHANGER.
JE VOIS PAS POURQ JE DONNER MA PL
J'EM CONNA UN R
C'EST DES CIRCUITS ÉLECTRIQU
J'AI TOU REPRIS LES MESURES
J'AI DIT OK
ILS ONT DEMANDÉ Q VOULAIT S'EN CHARGER
AVEC LES DÉCIBELS, C EST COMPL
LE Y A BA SA PATI
C'EST MOI QUI M'OCCUP
J'AI CHAUD. APRÈS UNE HEURE OU DEUX, J'EN AI MA DOSE POUR CETTE FOIS.
BON...
ILS ONT UNE BELLE MACHINE POUR
ET CHAQ ANNÉE, ON DOIT FAIRE
MAI SI C'EST
DE LA MARCHE POUR SE M ENIR EN
À TON ÂGE JE T DU VIS
UN AVAN PAS PEUR DE FAIRE DES KILOM
JE VAIS Y ALLER.
SOUVENT, ALORS QUE J'AI FRANCHI LE SEUIL DE LA PORTE, IL ME DIT...
MAIS ...
ET TOI, ÇA VA ?
EUH... OUI...
ÇA VA.

DE TOUTE FAÇON, MOI, C'EST FINI LA CHATTE !
JE PASSE QUE PAR L'ANUS MAIN- TENANT.
TU CROIS QUE SI J'ENCULE MA FEMME, ELLE PEUT TOMBER ENCEINTE ?
ON SAIT JAMAIS, SI ÇA SE TROUVE ÇA PEUT TRAVERSER DE L'AUTRE CÔTÉ ?
HÉ !
TU CROIS QUE C'EST POSSIBLE, TOI ?
EUH...
Y'A PEUT-ÊTRE UNE CONNEXION QUELQUE PART, NON ?
ARRÊTE D'EMMERDER LE JEUNE.
ÇA VA, IL EST PAS EN CHOCOLAT !

JE PASSE DE PLUS EN PLUS DE TEMPS À LIRE ASSIS SUR MA GRUE.
IL FAIT CHAUD, C'EST BRUYANT, MAIS ÇA AIDE POUR S'ABSORBER DANS LA LECTURE.
JE SUIS À L'AUTRE BOUT DE LA MACHINE.
DANS UN TEL ENVIRONNEMENT, IL N'Y A QU'UN SEUL MOYEN POUR ATTIRER L'ATTENTION DE QUELQU'UN...
LA LUMIÈRE.

IL SUFFIT DE FAIRE CLIGNOTER UNE LAMPE DE POCHE DANS L'ŒIL DE CELUI À QUI ON VEUT S'ADRESSER.
Mm?
QU'EST-CE QU'IL VEUT, CELUI-LÀ?
AH... JE VOIS...
UN ÉTONNANT LANGAGE DE SIGNES S'EST DÉVELOPPÉ AU MILIEU DE CES BRUYANTES MACHINES.
VIENS
VA CHERCHER
PLOMBIER
ÉLECTRICIEN
MOITIÉ
FEMME
TÉLÉPHONE
PISSER
+ + = Y'A TA FEMME AU TÉLÉPHONE.
+ + = VIENS ICI, LE ROULEAU EST À MOITIÉ PLEIN
+ = VA CHERCHER UN PLOMBIER.
CHIER
MANGER
ROULEAU
ET DANS MON CAS :
JE VAIS CHIER
VAS-Y, MON VIEUX.
QUAND IL S'ABSENTE, LE 5e MAIN DOIT LE SIGNALER AU 6e.
MAIS BON...
DOIS-JE CONNAÎTRE TOUS LES DÉTAILS ?

VIENS-T'EN, ON VA ALLER VIDER LE BOUT HUMIDE !
JE TRAVAILLE AVEC MARC, CE SOIR.
POGNE-TOI UN DES CHARIOTS, LÀ-BAS !
OK !
LE BOUT HUMIDE, C'EST DE L'AUTRE CÔTÉ, LA OÙ ARRIVE LA PÂTE POUR LE PAPIER.
WOW !
IL Y A UN SOUCI AVEC LA PÂTE, ELLE S'EST ACCUMULÉE EN HAUT DE CES ROULEAUX ET IL FAUT DÉGAGER TOUT ÇA.

C'EST UNE CURIEUSE MATIÈRE... CHAUDE ET HUMIDE.
LA TEXTURE EST TRÈS AGRÉABLE.
IL DOIT ÊTRE QUATRE HEURES DU MATIN.
JE ME LAISSERAIS BIEN TOMBER DEDANS COMME DANS UN LIT DOUILLET.

ON BALANCE TOUT ÇA DANS LE RECYCLEUR.
QUAND JE PENSE QU'UN JOUR UN GARS EST TOMBÉ LÀ-DEDANS...
JE SAIS PAS SI C'EST UNE LÉGENDE.
IL Y A AUSSI L'HISTOIRE DE L'OUVRIER SUR LE TOIT QUI EST TOMBÉ DIRECTEMENT DANS LA MACHINE.
HAAAA!
CRAC!
ENTRE DEUX ROULEAUX, IL N'Y A PAS PLUS DE 5 CENTIMÈTRES.
LE PAPIER EST DEVENU TOUT ROUGE!
HORRIBLE.
BEUH!
UN PETIT TOUR À LA SALLE DE GYM APRÈS LE BOULOT?
JAMAIS ...
HA HA!
JAMAIS!

BON, LE ROULEAU VIENT D'ÊTRE CHANGÉ ET L'ALLÉE EST PROPRE.
JE VAIS POUVOIR TERMINER MON LIVRE.
STEINBECK, "DES SOURIS ET DES HOMMES"
J'ESPÈRE QUE LENNIE, LE GENTIL GÉANT, VA S'EN TIRER. IL FAIT TELLEMENT PITIÉ...
OH NON ...
C'EST HORRIBLE.
SNIF!
PAUVRE LENNIE.
SNIF!
MERDE... PERSONNE M'A VU, J'ESPÈRE?!

COMME TOUJOURS, C'EST LE DERNIER QUART D'HEURE AVANT D'ÊTRE REMPLACÉ QUI EST LE PLUS LONG.
J'EN PEUX PLUS !
À 7H00, MON REMPLAÇANT N'EST TOUJOURS PAS LÀ.
C'EST PAS COOL.
LES GARS QUI FONT ÇA SE TRAÎNENT UNE MAUVAISE RÉPUTATION.
PFF...
C'EST PAS POSSIBLE.
7H15, TOUTE L'ÉQUIPE A ÉTÉ CHANGÉE, SAUF MOI.
JE N'EN PEUX PLUS DE FATIGUE.
7H20, UN DES CHEFS S'EN APERÇOIT ET ME LAISSE PARTIR.
T'AS QU'À Y ALLER, ON VA SE DÉBROUILLER.
M... MERCI.
MON LIT...

PAS TRÈS LOIN DE CHEZ MOI, UNE BIBLIOTHÈQUE A OUVERT SES PORTES.
IL Y A UNE SECTION BANDES DESSINÉES POUR ENFANTS ET, PLUS RARE POUR L'ÉPOQUE, UNE SECTION POUR LES PLUS GRANDS.
JE CONNAISSAIS DÉJÀ PAS MAL D'AUTEURS FRANCO-BELGES AVEC DES MAGAZINES COMME "PILOTE" OU "À SUIVRE"...
WOW!
MAIS LÀ, J'ACCÉDAIS À BEAUCOUP PLUS.
EN QUELQUES MOIS, J'EXPLORE LA TOTALITÉ DES RAYONNAGES DE CETTE SECTION.
VOYONS VOIR...
CE QUI FORMERA LE SOCLE DE MA SENSIBILITÉ ARTISTIQUE POUR PLUSIEURS ANNÉES.
720
650

JE DÉVORE TARDI, MŒBIUS, COMÈS, ROCHETTE, LAUZIER, GOTLIB ET BIEN D'AUTRES.
MES GOÛTS ÉVOLUENT, J'APPRENDS À AIMER HUGO PRATT QUE JE TROUVAIS TROP RAIDE.
MMM...
FINALEMENT, C'EST PAS MAL DU TOUT.
OU MUÑOZ, QUI ME DÉPASSAIT COMPLÈTEMENT.
EN L'ESPACE D'UN ÉTÉ, JE PASSE DE LA CURIOSITÉ À L'ADMIRATION TOTALE.
HOULÀ ! C'EST BIZARRE, ÇA !
"LE BAR À JOE"
QUELLE FORCE...
QUELLES COMPOSITIONS !
MAIS...
EN FAIT...
C'EST COMPLÈTEMENT GÉNIAL !
ET LA LUMIÈRE FUT.

TIENS, TU AS REÇU ÇA !
MERCI.
C'EST LA FACULTÉ EN ONTARIO.
OH!
MAMAN! JE SUIS ADMIS À L'ÉCOLE D'ANIMATION DE TORONTO !
BRAVO, MON CHÉRI !
ÇA COMMENCE MI-SEPTEMBRE.
J'ESPÈRE QUE JE NE VAIS PAS TROP GALÉRER AVEC L'ANGLAIS.
HOW DO YOU DO ?
HOW DO YOU DO?
ON VA SURTOUT DESSINER, J'ESPÈRE.
ÇA IRA.

IL S'INSPIRE DES GRATTE-CIEL NEW-YORKAIS DE L'ÉPOQUE POUR DONNER UNE IMAGE MODERNE À SA CONSTRUCTION.

WOOLWORTH BUILDING, 1913. BARCLAY-VESEY BUILDING, 1927. L'ANGLO, 1927.

POUR UNE USINE, IL Y A BEAUCOUP DE RAFFINEMENT DANS LES FINITIONS.

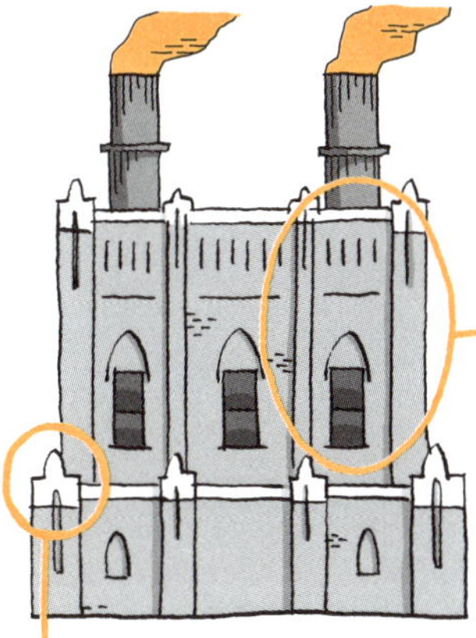

ON EST LOIN D'UNE CONSTRUCTION PUREMENT UTILITAIRE.

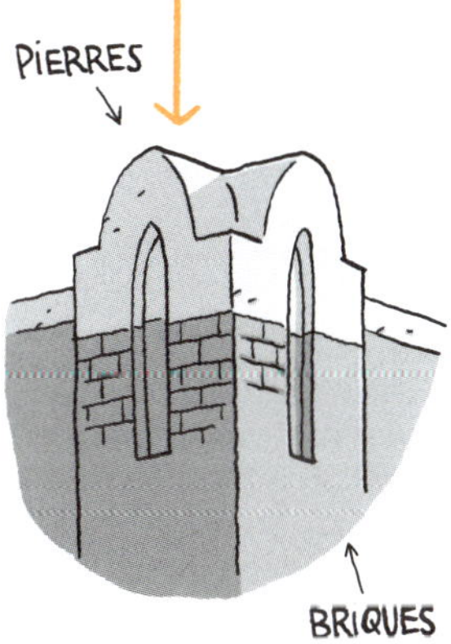

C'EST CE MÉLANGE D'ÉLÉGANCE ART DÉCO DANS UN CONTEXTE INDUSTRIEL QUI M'INTRIGUAIT BEAUCOUP.

QU'EST-CE QU'UN CHÂTEAU VENAIT FAIRE AU MILIEU DE CES ÉPAISSES FUMÉES ?

DEPUIS 1927, LE PARC INDUSTRIEL DE L'USINE S'EST AGRANDI CONSIDÉRABLEMENT. SUR UNE RÉCENTE CONSTRUCTION, ILS ONT ESSAYÉ DE PRÉSERVER LE STYLE D'ORIGINE.

BEL EFFORT, MAIS SUR UN CUBE EN CIMENT RECOUVERT DE TÔLE ONDULÉE, LA MAGIE S'EST PERDUE, LA GRÂCE A DISPARU...

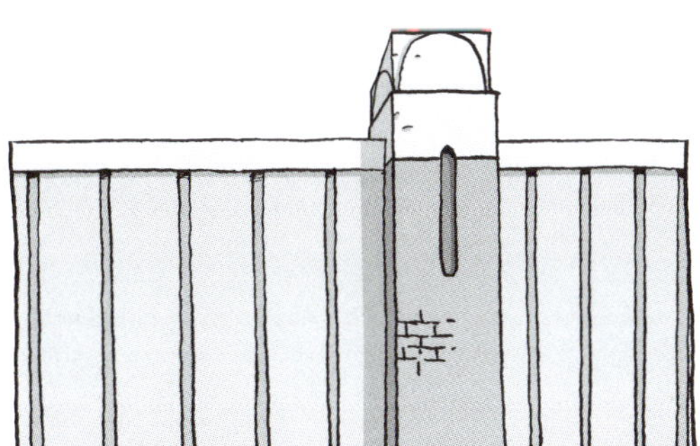

VRRRRR
AUJOURD'HUI, C'EST JEUDI ET C'EST LE JOUR DE PAYE.
LE REPRÉSENTANT SYNDICAL PASSE DANS LES CABINES DISTRIBUER LES CHÈQUES.
GREG.
POUR UN ÉTUDIANT COMME MOI, C'EST UN GROS MONTANT. AVEC ÇA, JE VAIS ÉVITER DE M'ENDETTER POUR MES ÉTUDES.

REGARDE-LE, CELUI-LÀ !
T'AS PAS HONTE DE GAGNER AUTANT ALORS QUE T'ES MÊME PAS PERMANENT ?
EUH ...
BEN, JE SAIS PAS... C'EST PAS MOI QUI DÉCIDE...
TU TRAVAILLES JUSTE DEUX MOIS PAR ÉTÉ ET TU GAGNES AUTANT QUE NOUS !
MÊME POUR UN TRAVAIL AUSSI EXTÉNUANT, JE ME SOUVIENS QUE J'AVAIS DES SCRUPULES DE RECEVOIR UN BON SALAIRE.
MAIS ÉVIDEMMENT, JE N'ALLAIS PAS LE MONTRER.
QU'EST-CE TU VEUX QUE JE FASSE ?
QU'EST-CE TU VEUX QUE JE FASSE ?
ON EST TOUS SYNDIQUÉS, TRUDEL, ARRÊTE TON CHAR !
Djjjjjj

PAPA?
MAIS ...
C'EST LUI ?
PAPA?
AH NON, C'EST PAS LUI...
QUOI-QUE ...
QU'EST-CE QU'IL FERAIT ICI LA NUIT?
NON, JE CROIS PAS.
J'HALLUCINE ...

JE CROISE MARC QUI TRAVAILLE SUR LA MACHINE À CÔTÉ.
SALUT, LE JEUNE !
SALUT, T'ES SUR LA 3 ?
OUAIP!
IL DONNE TOUJOURS L'IMPRESSION DE PRENDRE LA POSE.
C'EST D'AILLEURS UN PEU CE QU'IL ME RACONTE.
TU SAIS QUOI ?
J'AI POSÉ À POIL POUR UN MAGAZINE LA SEMAINE DERNIÈRE.
DE L'ARGENT FACILEMENT GAGNÉ, M'A TE DIRE.
TU SAIS, C'EST PLUS SOUVENT DES GARÇONS QUE DES FILLES QUI ACHÈTENT LES MAGAZINES DE GARS À POIL...
M'EN FOUS, TANT QUE ÇA PAYE.
APRÈS UN MOMENT, IL ME CONFIE...
JE SAIS PAS SI JE VAIS REVENIR L'ANNÉE PROCHAINE.
T'AS TROUVÉ AUTRE CHOSE ?
REGARDE, J'AI UN TOUR DE BRAS DE 40 CENTIMÈTRES.
MPF!
C'EST PAS MAL, MAIS J'AIMERAIS PASSER À DU 42 OU MÊME DU 44.

POUR ÇA, IL FAUT QUE JE DEVIENNE PRO.
PRO?
BEN, QUE J'ARRÊTE L'USINE ET QUE JE ME CONSACRE À MON SPORT À FOND.
TOUS LES JOURS... PROFESSIONNELLEMENT.
MA BLONDE EST PAS ENCORE D'ACCORD MAIS J'ESPÈRE ARRIVER À LA CONVAINCRE.
ÇA FAIT UN SALAIRE EN MOINS, MAIS BON, FAUT VIVRE AUSSI SES PASSIONS.
OUI.
CHACUN SON TRUC. MOI, C'EST PLUTÔT LE DESSIN.
DU DESSIN? QU'EST-CE QUE TU COMPTES FAIRE AVEC ÇA?
FBI
EN DÉBUT DE SOIRÉE, LE 5e MAIN VIENT ME PROPOSER UN DES TRUCS LES PLUS BIZARRES QUE J'AI FAITS DANS CETTE USINE.
HÉ!
?!

ON VA FAIRE UNE ROTATION POUR DORMIR À TOUR DE RÔLE.
DORMIR?
T'ES SÉRIEUX?
OUI, C'EST TOI QUI VAS COMMENCER.
TU TE FAIS UN MATELAS AVEC DU PAPIER ET TU TE GLISSES SOUS L'ENROULEUSE.
COMME ÇA, T'ES TRANQUILLE.
EN DESSOUS, ICI ?
OUI, IL Y A UN CREUX, ON PEUT S'ALLONGER.
JE TROUVE CETTE HISTOIRE TRÈS LOUCHE, JE RESTE MÉFIANT.
MMM...
VAS-Y, JE TE RÉVEILLE DANS DEUX HEURES.
JE RÉCUPÈRE DU PAPIER ET JE M'INSTALLE.
ON VERRA BIEN...
MPF!
JE ME RETROUVE À 50 CENTIMÈTRES DES ROULEAUX.
VRRRRRRR
WTF?!

VRRRR
C'EST TRÈS BRUYANT.
ET COMME LE PAPIER JOURNAL EST UN BON ISOLANT...
VVRRRRRR
JE TRANSPIRE ABONDAMMENT.
VRRRRRR
IMPOSSIBLE DE VRAIMENT SE DÉTENDRE, D'AUTANT QUE J'APPRÉHENDE UNE VASTE BLAGUE...
VRRRRRRR
J'IMAGINE UN DES BOSS QUI ME SORT DE LÀ COMME UN GAMIN PRIS LA MAIN DANS LE SAC...
VRRRRR
ENFIN, UNE DEMI-HEURE PASSE ET MALGRÉ TOUT, J'ARRIVE À ME DÉTENDRE UN PEU.
VRRRRR
JE NE M'ENDORS PAS MAIS JE ME DIS QUE CE SERA DEUX HEURES DE PASSÉES SANS SE FATIGUER.
VRRRRR
C'EST TOUJOURS ÇA DE PRIS.

ÇA CONSTITUERA, SANS CONTESTE, L'ENDROIT LE PLUS CURIEUX OÙ J'AI ESSAYÉ DE DORMIR DE MA VIE.
MY GOD!
HÉ!
AU BOUT D'UNE HEURE, LE 5e MAIN VIENT ME CHERCHER.
?
LA MACHINE DÉCONNE, ON LAISSE TOMBER LES ROTATIONS.
AH!
JE VOIS, OUI.
FINALEMENT, JE SERAI LE SEUL DE L'ÉQUIPE À AVOIR PROFITÉ D'UNE PAUSE.
ÇA SERA LA SEULE ET UNIQUE FOIS QUE JE PARTICIPE À CE CURIEUX ARRANGEMENT.
MPF!

TU FAIS QUOI EN SEPTEMBRE? TU CONTINUES AVEC NOUS ?
JE VAIS À TORONTO ÉTUDIER LE DESSIN ANIMÉ.
SANS BLAGUE, Y'A DES ÉCOLES POUR ÇA ?
HA HA!
EUH... OUI.
C'EST PAS AVEC DES MACHINES QU'Y FONT ÇA MAINTENANT ?
DES ORDINATEURS ?... EUH... OUI, C'EST POSSIBLE.
VOILÀ, J'AI UTILISÉ LE MOT DU FUTUR, LE MOT QUI RASSURE : L'ORDINATEUR.
AAAAH!...
C'EST BIEN.
LA VÉRITÉ, C'EST QU'ON EST EN 1984 ET QUE L'ANIMATION SE FAIT TOUJOURS SUR DU PAPIER. MAIS BON, JE SENTAIS QUE ÇA PASSERAIT MIEUX COMME ÇA.
C'EST BIEN.
C'EST BIEN.
OUI.
ON TE REVOIT L'ÉTÉ PROCHAIN ?
Y'A DES CHANCES.

TROISIÈME ÉTÉ À L'USINE.
ELLE EST TOUJOURS LÀ, À CRACHER SA FUMÉE.

LA PILE DE BOIS N'EXISTE PRATIQUEMENT PLUS.
C'EST PRINCIPALEMENT LE PAPIER RECYCLÉ QUI EST UTILISÉ POUR FAIRE LA PÂTE MAINTENANT.
FINIS LES BILLOTS QUI ARRIVAIENT PAR WAGONS ENTIERS.
FINIE AUSSI L'ÉPOQUE OÙ LES DRAVEURS ACHEMINAIENT LE BOIS PAR LA RIVIÈRE.
ON L'OUBLIE AUJOURD'HUI, MAIS C'EST LA RAISON POUR LAQUELLE L'USINE EST SITUÉE EN BORDURE DE LA SAINT-CHARLES.
SAINT-CHARLES
SAINT-LAURENT
GALOPER SUR DES BILLOTS DE BOIS, DYNAMITER DES PASSAGES ENCOMBRÉS...
LA DRAVE ÉTAIT CONSIDÉRÉE COMME LE MÉTIER LE PLUS DANGEREUX DU MONDE.
BOUM!
CERTAINS GARS NE SAVAIENT MÊME PAS NAGER!

APRÈS LA COUPE DU BOIS L'HIVER, LE FLOTTAGE COMMENÇAIT AU PRINTEMPS AVEC LA FONTE DES NEIGES ET DES LACS.
MÉTHODE TRÈS ÉCONOMIQUE MAIS AUSSI TRÈS POLLUANTE.
APRÈS 30 JOURS À FLOTTER, L'ÉCORCE SE DÉSAGRÈGE ET S'ACCUMULE AU FOND DES COURS D'EAU.
LORS D'UN NETTOYAGE, ON A RETROUVÉ 18 MÈTRES D'ÉPAISSEUR DE BRANCHES ET DE SCIURE AU FOND D'UN LAC.
TOUS CES RÉSIDUS DÉGAGEAIENT DU MERCURE QUI ACIDIFIAIT L'EAU ET MASSACRAIT LA FLORE ET LA FAUNE.
LA DRAVE DURERA UN SIÈCLE ET SERA INTERDITE EN 1987. LE FLOTTAGE DU BOIS CONTINUERA JUSQU'EN 1995 SUR LA RIVIÈRE SAINT-MAURICE.

JE RECONNAIS PAS MAL DE TÊTES.
TOUS CES GARS QUI ONT PASSÉ L'HIVER ICI.
SI JE CALCULE BIEN, ÇA DEVRAIT ÊTRE MON AVANT-DERNIER ÉTÉ DANS CETTE USINE.

ÇA, C'EST SI JE TROUVE DU TRAVAIL APRÈS MES TROIS ANS DE FAC...
NE VOUS FAITES PAS D'ILLUSIONS, IL N'Y A PAS DE BOULOT DANS LE DESSIN ANIMÉ !
MON PROFESSEUR, AVANT DE COMMENCER L'ANNÉE.
ENFIN, ON VERRA.
LORS DE LA PREMIÈRE SEMAINE, ALORS QUE JE FINIS DE VIDER UN ROULEAU...
BING!
MALGRÉ LES BOUCHONS DANS LES OREILLES ET LE BRUIT DES MACHINES AMBIANTES...
J'ARRIVE À DISTINGUER UN SON QUI SORT DE L'ORDINAIRE.
?

JE SIGNALE CETTE TROUVAILLE AU 4e MAIN.
AH, JE VOIS !
LE TOIT COMMENCE À ÊTRE VIEUX.
HEUREUSEMENT QUE C'EST PAS TOMBÉ DANS UNE DES MACHINES !
JE PENSAIS PLUS À UNE DE NOS TÊTES.
AH !
MMM... OUI.

ATTENDS ...
ÇA SERT À QUOI DE FAIRE ÇA ?
ÇA AJUSTE LA TENSION DU PAPIER.
SI C'EST TROP MOU, ÇA CASSE, ET SI C'EST TROP TENDU, ÇA CASSE AUSSI.
TU VEUX QUE JE TE MONTRE COMMENT ÇA MARCHE, COMME ÇA TU POURRAS DEVENIR 4e MAIN ?
COMME ÇA A L'AIR DE LUI FAIRE PLAISIR...
OK.
JE PASSE UNE PARTIE DE LA NUIT À ESSAYER DE COMPRENDRE LES FONCTIONS DE CE POSTE DE PILOTAGE.
LÀ, POUR LE PREMIER ROULEAU...
TU LAISSES ENTRE 3 ET 5.
C'EST ASSEZ COMPLIQUÉ, JE DÉCROCHE RAPIDEMENT.
T'AS VU QUE TOUT EST EN FRANÇAIS ?

AH, OUI.
CYLINDRE 1
VAPEUR
TENSION
AVANT, C'ÉTAIT EN ANGLAIS.
À L'ÉPOQUE, C'ÉTAIENT EUX LES BOSS, ET LES FRANÇAIS, LES OUVRIERS.
LES MACHINES ÉTAIENT FAITES POUR EUX.
MAIS DEPUIS LA LOI 101, LE FRANÇAIS EST OFFICIELLEMENT LA LANGUE DU TRAVAIL.
OUAIP!...
ON S'EST BATTUS POUR ÇA ...
ET MAINTENANT, ON A DES MACHINES QU'ON COMPREND.
ET DES BOSS FRANCOPHONES.

CETTE NUIT, JE DONNE UN COUP DE MAIN DU CÔTÉ DE L'ENROULEUSE.
QUAND LA MACHINE S'ARRÊTE, IL FAUT DÉVISSER UN MANCHON.
HABITUELLEMENT, C'EST PAS TROP SERRÉ.
MPF!
PING
RHÂ!
UN PEU SONNÉ, JE REPRENDS LE TRAVAIL.
ZUT!
MAIS JE NE VOIS PAS QUE JE SAIGNE.
OH LÀ!
LE MACHINISTE VIENT ME REPRENDRE LES CLÉS.
J'Y SUIS PRESQUE.
LÂCHE ÇA, ET CALME-TOI!
TU RESTES LÀ ET TU TE REPOSES.
MAIS LE ROULEAU EST PLEIN.
ON S'EN OCCUPE.
LE REPRÉSENTANT SYNDICAL
TU VEUX REMPLIR UN CONSTAT D'ACCIDENT?
MAIS NON, PAS LA PEINE. C'EST RIEN!
JE ME SENS HONTEUX.
COMME SI J'AVAIS COMMIS UNE FAUTE.

APRÈS UN AN DE FACULTÉ À TORONTO, J'AI PERDU CONTACT AVEC PLUSIEURS AMIS QUI ONT POURSUIVI LEURS ÉTUDES À MONTRÉAL.
JE RETROUVE MON ATELIER OÙ JE M'ISOLE POUR LIRE ET POUR DESSINER.
J'ÉPLUCHE ENCORE LES RAYONS DE LA BIBLIOTHÈQUE MUNICIPALE, MAIS J'EN AI PRATIQUEMENT FAIT LE TOUR.
MMM...
37
PSCHIII
JE ME RENDS EN BASSE-VILLE SUR SAINT-JOSEPH.
WOW! TROP CLASSE, LE TOIT TRANSPARENT!
ET JE FAIS LE TOUR DES BACS À DISQUES SECONDE MAIN.
KLAUS NOMI
F-H
I-L
NEVER MIND THE BOLLOCKS

MON FRÈRE EST À L'ÉTRANGER POUR L'ÉTÉ, JE M'INSTALLE DANS SA CHAMBRE.
EN VEILLANT TARD LE SOIR, JE DÉCOUVRE SUR SA PETITE TÉLÉ EN NOIR ET BLANC TOUT UN MONDE DE RÉALISATEURS PASSIONNANTS.
VOGLIO UNA DONNA!
HA HA!
JE PROFITE AUSSI DE SA CHAÎNE HI-FI.
WALKING A
THE SITTIN
-ROOM...
C'ÉTAIT L'ÉPOQUE OÙ ON ÉCOUTAIT UN DISQUE EN ENTIER EN SCRUTANT LA POCHETTE DANS SES MOINDRES DÉTAILS.
TO TAKE THEM T
THE NEW JERUSALE
DRING!
TU PEUX RENTRER CE SOIR?
OK!

TARD DANS LA NUIT, ON ME RÉCLAME DU CÔTÉ HUMIDE DE LA MACHINE.
J'ARRIVE, J'ARRIVE !
COMME L'AUTRE JOUR, LA PÂTE A UN PROBLÈME.
ON ME FAIT SIGNE D'ATTENDRE.
OK OK !
C'EST ICI QUE LA PÂTE SE FAIT ÉCRASER POUR DEVENIR UNE FINE FEUILLE DE PAPIER.
VV VRRRRRR
DEUX GIGANTESQUES ROULEAUX, L'UN CONTRE L'AUTRE, QUI TOURNENT À TOUTE VITESSE.
VRRRR
L'UN EST EN CAOUTCHOUC ET L'AUTRE EN GRANITE !
VRRRR
C'EST UN IMMENSE MORCEAU DE PIERRE POLIE.
LA VACHE !
ÇA DOIT PESER DES TONNES !

LA PLUPART DES DOUBLES ROULEAUX QUE JE CROISE TOURNENT VERS L'EXTÉRIEUR.
ÇA NE PRÉSENTE PAS DE RÉEL DANGER.
CES DEUX-LÀ TOURNENT VERS L'INTÉRIEUR.
LÀ, C'EST AUTRE CHOSE.
SI, PAR UNE INIMAGINABLE MALCHANCE UN DE MES DOIGTS ENTRAIT EN CONTACT AVEC UNE DE CES DEUX SURFACES...
VRRRR
ET QUE, ENTRAÎNÉ PAR LE MOUVEMENT, CE MÊME DOIGT SE RETROUVAIT À LA JONCTION DE CES DEUX MONSTRES ?...
VVVRRRRRRRR
JE ME FAIS HAPPER EN UNE NANO-SECONDE.
EST-CE QUE MA TÊTE SE COINCERAIT LE TEMPS QUE MON BRAS SE FASSE ARRACHER ? OU...
HÉ ! C'EST CORRECT, TU PEUX Y ALLER !
AH ! EUH...
OK !
C'EST PAS BON D'AVOIR TROP D'IMAGINATION QUAND ON TRAVAILLE DANS UNE GROSSE USINE.

OSTIE DE CHIBOUKIS À MARDE!
DANS LA CABINE, UN JEUNE GARS MANGE UN REPAS QUE LUI A PRÉPARÉ SA FEMME.
OH! REGARDE-MOI ÇA COMME C'EST TOUCHANT, NOTRE JEUNE MARIÉ QUI REÇOIT DES MOTS D'AMOUR DE SA CHÉRIE DANS SA BOÎTE À LUNCH!
BEN OUI, ELLE M'ÉCRIT DES PETITS MOTS... C'EST MIGNON.
AH! MOI AUSSI, AVEC MA FEMME, C'ÉTAIT COMME ÇA AU DÉBUT.
LES FLEURS... LES REPAS AUX CHANDELLES...
C'ÉTAIT BEN ROMANTIQUE!
MAINTENANT, C'EST PLUTÔT : HÉ! TU PEUX ALLUMER LA LUMIÈRE, J'ARRIVE PAS À LIRE MON JOURNAL!
PFFR!

HA HA HA HA !
PFFR!
PFFR!
TU VERRAS...
ÇA VA PASSER BEN VITE !
PFFR !
PARFOIS, ON TRAVAILLE DANS CERTAINS COINS RECULÉS DE L'USINE AVEC LES PIEDS DANS L'EAU.
C'EST POURQUOI ON NOUS FOURNIT DES GROSSES BOTTES IMPERMÉABLES.
CAOUTCHOUC ÉPAIS, COQUE DE PROTECTION EN MÉTAL, C'EST DU MATÉRIEL DE PRO.
IL ARRIVE QUE JE LES GARDE AVEC MOI QUAND JE REVIENS SUR MA MACHINE.

À L'INTÉRIEUR DES BOTTES, IL Y A UNE SÉRIE DE PETITS ERGOTS DISPOSÉS EN CERCLE.
C'EST ASSEZ AGAÇANT.
JE ME SUIS LONGTEMPS DEMANDÉ À QUOI ÇA POUVAIT SERVIR.
?
QUELQUE PART, UN DESIGNER INDUSTRIEL A RÉFLÉCHI À LA CONCEPTION DE CET OBJET...
ET IL A TROUVÉ CETTE INGÉNIEUSE FAÇON DE RETENIR LE PANTALON À L'INTÉRIEUR DE LA BOTTE.
VOILÀ!
C'EST MALIN, SAUF POUR CEUX QUI, COMME MOI, TRAVAILLENT EN SHORT.
ÇA ARRACHE LES POILS...
ET ÇA LAISSE UNE ZONE BIEN RASÉE DE CHAQUE CÔTÉ DES MOLLETS.
TRÈS CHIC!
JE VIENS DE CHANGER LE ROULEAU, J'AI UN PEU DE TEMPS DEVANT MOI.

JE SUIS SEUL DANS LA CABINE, C'EST ASSEZ RARE.
À LA TÉLÉ, DES FILLES À MOITIÉ NUES FONT DE LA GYMNASTIQUE.
IL DOIT ÊTRE 3 HEURES DU MATIN.
HABITUELLEMENT, ON A DES REDIFFUSIONS DE "DANIEL BOONE".
PUTAIN! ...
DES FILLES À POIL!!
ET ...
ET TOI TU DIS RIEN?!
?
EUH ...
HÉ!
HÉ!
BAM BAM BAM
HÉ
WOW!
OH, LÀ LÀ!
JE TE JURE ...
WHA!
PAS POSSIBLE!
MY GOD!
REGARDE-MOI ÇA!

CE MATIN, ON VIENT ME CHERCHER DANS LE VESTIAIRE POUR UNE MISSION SPÉCIALE.
C'EST TOI QUI RENTRES CE MATIN ?
OUI.
MOI AUSSI.
SUIVEZ-MOI, TOUS LES DEUX.
OK !
METTEZ ÇA.
UNE FOIS HABILLÉS COMME DES COSMONAUTES, ON NOUS EXPLIQUE CE QU'ON DOIT FAIRE.
IL FAUT TOUT ASPERGER.
C'EST PAS COMPLIQUÉ.

TOUT EN HAUT !
OUI, OUI.
JE SAIS PAS CE QU'ON A UTILISÉ COMME PRODUIT, MAIS MÊME AVEC NOS PROTECTIONS, J'AI EU LA GORGE IRRITÉE PENDANT PLUSIEURS MOIS APRÈS.
RRMMMG !
JE RETOURNE À MON POSTE.
PAPA ?
SALUT, P'PA ! QU'EST-CE QUE TU FAIS ICI ?
OH, SALUT, MON GUY !
TU TRAVAILLES AUJOURD'HUI ?
OUI, TU FAIS QUOI ?
JE PRENDS DES MESURES POUR LE BRUIT.
AVEC UN SONOMÈTRE.
JE CROYAIS QUE TU DESSINAIS DES PLANS ?
JE FAIS AUSSI DES PROJETS.
CHAQUE ANNÉE, ON DOIT CALCULER LE BRUIT AMBIANT.
C'EST POUR LES NORMES.

BON ...
BEN, JE DOIS RETOURNER À MON POSTE ...
OK.
PASSE ME VOIR DANS LES BUREAUX, UN DE CES JOURS.
D'ACCORD, MAIS C'EST OÙ TON BUREAU ?
MON BUREAU ?
IL FAUT PASSER PAR LÀ ...
LÀ ...
ET LÀ.
JE VAIS ESSAYER DE M'EN SOUVENIR.

AUJOURD'HUI, JE FAIS ÉQUIPE AVEC UN DES GARS LES PLUS ÂGÉS QUI TRAVAILLENT AVEC NOUS SUR LES MACHINES.
ENTRE DEUX ROULEAUX, IL FAIT DES EXERCICES.
HOP !
HOP !
MOI, J'AIME BIEN VENIR TRAVAILLER. ÇA ME PERMET DE FAIRE UN PEU DE SPORT ET DE PASSER LE TEMPS... SINON, CHEZ MOI, JE M'ENNUIE ET JE GROSSIS. HA HA !
HA HA !
C'EST UN COMIQUE, CELUI-LÀ.
PUTAIN ...
QUAND EST-CE QU'IL VA SE CASSER, LE VIEUX...
QU'IL RENTRE CHEZ LUI...
COMME ÇA, J'AURAI DES CHANCES DE PASSER 4e MAIN.

LE ROULEAU EST BIENTÔT À SON MAXIMUM, IL FAUT LE CHANGER.
C'EST LE 5e MAIN QUI EXÉCUTE CETTE MANŒUVRE MAIS JE NE LE VOIS PAS.
LE 4e
VAS-Y, IL EST EN TRAIN DE CHIER!
Moi?
JE L'AI SOUVENT VU FAIRE, MAIS BON...
IL FAUT POUSSER LA FEUILLE AVEC DE L'AIR COMPRIMÉ.
LE TRUC, C'EST QU'IL FAUT S'ENFONCER LE BRAS ENTRE LES DEUX ROULEAUX.
ILS TOURNENT VERS L'EXTÉRIEUR, IL N'Y A PAS DE DANGER MAIS C'EST QUAND MÊME IMPRESSIONNANT.
ET SI C'EST MAL FAIT, LE PAPIER PART DANS TOUS LES SENS.
OUI, OUI... J'Y VAIS.

JE RETIENS MON SOUFFLE.
MISÈRE!
VRRRRRRRR
ET JE PLONGE LE BRAS LE PLUS LOIN POSSIBLE.
PSCH
ÇA PASSE, J'AI RÉUSSI. J'AI BASCULÉ LA FEUILLE SUR L'AUTRE ROULEAU.
HA HA!
YES! J'AI VAINCU MES PEURS.
ET QUI SAIT, J'AI PEUT-ÊTRE FRANCHI UNE ÉTAPE IMPORTANTE DANS MON DÉVELOPPEMENT PSYCHOLOGIQUE ?
DANS NOS SOCIÉTÉS MODERNES, ON SE TROUVE LES RITES DE PASSAGE QUE L'ON PEUT.
Djiiiiiiii

DANS LES ALLÉES, UN TAS D'OBJETS INUTILES SONT ENTREPOSÉS.
DES PIÈCES DE MACHINES USÉES, CASSÉES OU OBSOLÈTES.
LES VIEUX ROULEAUX FINISSENT LEUR VIE ICI.
ON VOIT QU'ILS SONT ABÎMÉS, LE CAOUTCHOUC A SUBI DE MULTIPLES COUPS DE LAME.
TSS!

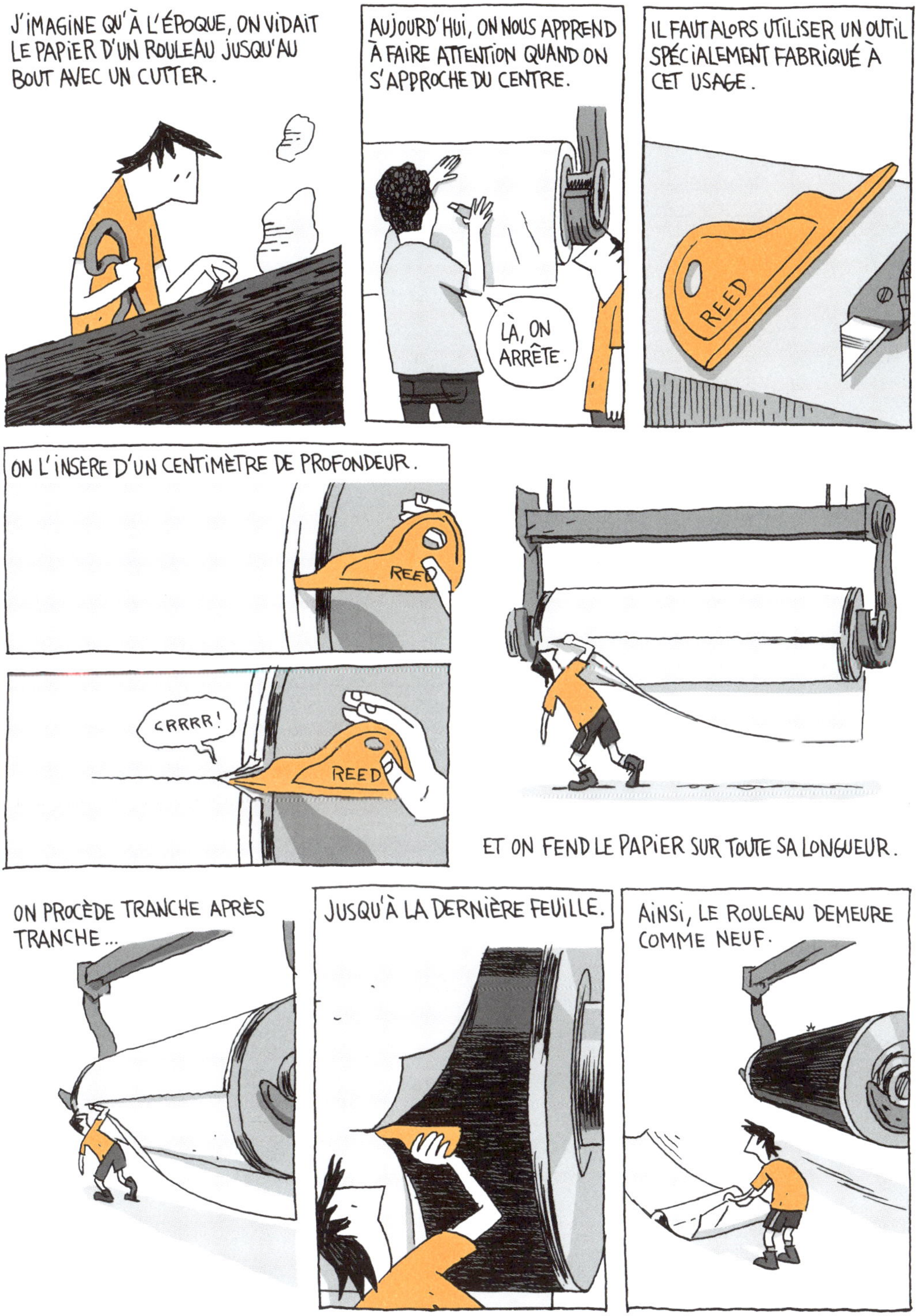
J'IMAGINE QU'À L'ÉPOQUE, ON VIDAIT LE PAPIER D'UN ROULEAU JUSQU'AU BOUT AVEC UN CUTTER.
AUJOURD'HUI, ON NOUS APPREND À FAIRE ATTENTION QUAND ON S'APPROCHE DU CENTRE.
LÀ, ON ARRÊTE.
IL FAUT ALORS UTILISER UN OUTIL SPÉCIALEMENT FABRIQUÉ À CET USAGE.
REED
ON L'INSÈRE D'UN CENTIMÈTRE DE PROFONDEUR.
REED
CRRRR!
REED
ET ON FEND LE PAPIER SUR TOUTE SA LONGUEUR.
ON PROCÈDE TRANCHE APRÈS TRANCHE...
JUSQU'À LA DERNIÈRE FEUILLE.
AINSI, LE ROULEAU DEMEURE COMME NEUF.

MA JOURNÉE DE TRAVAIL EST FINIE, JE VAIS ESSAYER DE PASSER VOIR MON PÈRE.
SI JE TROUVE SON BUREAU...
LÀ, C'EST LA RÉCEPTION. IL N'Y A PLUS PERSONNE À CETTE HEURE.
C'EST PROPRE !
COULOIR DE GAUCHE, IL A DIT.
ÇA FAIT BIZARRE DE VENIR DANS CE COIN DE L'USINE SALE ET TREMPÉ DE SUEUR.
UN OUVRIER CHEZ LES INGÉNIEURS.
ÇA DEVRAIT ÊTRE ICI...
IL EST LÀ ! JE LE VOIS.
WOW, QUEL LUXE DE TRAVAILLER DANS UN ENVIRONNEMENT PROPRE ET SILENCIEUX !
SALUT, P'PA !
J'AI TROUVÉ.
AH... TE VOILÀ !
JE NE RESTE PAS SI TARD NORMALEMENT.

TU TRAVAILLES DEBOUT ?
OUI, POUR MON DOS, C'EST MIEUX.
SALUT, ANDRÉ, À DEMAIN !
SALUT, JEFF !
UN AMI ?
IL TRAVAILLE SUR LA TABLE, LÀ-BAS.
TU LIS QUOI ?
UN MANUEL POUR APPRENDRE LE PROGRAMME AUTOCAD QU'ON VA UTILISER.
BIENTÔT, IL N'Y AURA PLUS DE PAPIER.
TIENS, ÇA, C'EST MON DERNIER PLAN.
C'EST LE SYSTÈME ÉLECTRIQUE.
LÀ, C'EST LES CUVES.
J'AI DÛ PRENDRE LES MESURES DANS UNE ÉCHELLE.
LE PLUS LONG, C'EST LES COTES.
IL Y AURA DES TRAVAUX, FAUDRA CONTOURNER PAR LÀ.
LES RÉGULATEURS SONT LÀ.
ET LÀ, C'EST LA TUYAUTERIE QUI ALIMENTE LES MACHINES.
BIEN CONSCIENT QUE C'EST LA SEULE ET UNIQUE FOIS QUE JE VAIS VENIR DANS LE BUREAU DE MON PÈRE, J'ESSAIE D'EN RETENIR LE PLUS POSSIBLE.
LÀ, LES CÂBLES SOUTERRAINS.
SUR LES VIEUX PLANS, ON N'AVAIT PAS TOUT ÇA.

STOP
FRANQUIN GILLAIN
"COMMENT ON DEVIENT CRÉATEUR DE BANDES DESSINÉES" FRANQUIN ET GILLAIN, MARABOUT.
À LA MÉDIATHÈQUE, J'AI TROUVÉ CE LIVRE QUE JE DÉVORE.
SURTOUT LA DEUXIÈME PARTIE OÙ FRANQUIN EST INTERVIEWÉ SUR SON MÉTIER.
C'EST PASSIONNANT, MÊME SI CERTAINS TERMES M'ÉCHAPPENT UN PEU...
"PRENONS UN DESSINATEUR QUI EST PAYÉ 7000 FRANCS BELGES PAR PLANCHE..."
C'EST QUOI, UNE PLANCHE ?
IL TRAVAILLE SUR DU BOIS ?
ET 7000 FRANCS BELGES, C'EST QUOI, ÇA ?

DE TOUT L'ÉTÉ, JE N'AI PAS REVU MARC, LE GARS MUSCLÉ.
J'AI DEMANDÉ, MAIS PERSONNE NE SAIT OÙ IL EST.
ROULE-T-IL SUR UNE MOTO DE LA SÛRETÉ DU QUÉBEC ?
TRANSPIRE-T-IL DANS UNE SALLE DE GYM ?
ALLEZ!
...98, 99, 100!
ENFIN, J'ESPÈRE QU'IL S'ÉPANOUIT LÀ OÙ IL EST. C'ÉTAIT SYMPA DE TRAVAILLER AVEC LUI.
MPF!

TIENS!
ON A DE LA VISITE AUJOURD'HUI.
UN GARS ÂGÉ QUE JE N'AI JAMAIS VU, S'ADRESSE AUX CHEFS DES MACHINES.
IL EST ÉCOUTÉ AVEC ATTENTION.
ON ME FAIT SIGNE DE LES SUIVRE. JE ME DEMANDE BIEN POURQUOI.
?
DURANT SA DÉMONSTRATION, LE VISITEUR UTILISE LE TUYAU À AIR COMPRIMÉ.
AVANT DE REPARTIR, IL SAISIT LE TUYAU POUR LE RANGER.
J'ALLAIS M'EN OCCUPER MAIS BON...
ON ME FUSILLE DU REGARD.
BEN QUOI?! JE VAIS PAS LUI SAUTER DESSUS!
C'EST ALORS QUE JE VOIS CET HOMME, QUI SANS DOUTE A TRAVAILLÉ TOUTE SA VIE SUR CES MACHINES, ACCOMPLIR UN GESTE INCROYABLE.
ÇA IRA.

IL FAIT ZIGZAGUER LE TUYAU DANS LES AIRS...
ENCHAÎNE AVEC UN MOUVEMENT ROTATIF...
ET COMME PAR MAGIE, LE TUYAU RETOMBE PARFAITEMENT RANGÉ.
AH! QUAND MÊME, C'EST BEAU L'EXPÉRIENCE.

DONC, LA PÂTE À PAPIER EST ÉCRASÉE, SÉCHÉE, ROULÉE ET COUPÉE EN DIFFÉRENTES TAILLES. MAIS IL RESTE ENCORE UNE ÉTAPE AVANT SON EXPÉDITION : L'EMBALLAGE.
À NOTRE NIVEAU, LES ROULEAUX DE PAPIER SONT ENVOYÉS SUR UN CONVOYEUR ET DISPARAISSENT DERRIÈRE UN RIDEAU DE PLASTIQUE.
AUJOURD'HUI, POUR LA PREMIÈRE FOIS, JE VAIS TRAVAILLER EN BAS, À L'EMBALLAGE.
ON N'EST QUE DEUX. C'EST BEAUCOUP MOINS CHAUD ET BRUYANT QU'EN HAUT.
BON PLAN.
C'EST UN POSTE TRANQUILLE OÙ ON MET LES GARS FATIGUÉS OU EN FIN DE CARRIÈRE.
LE TRAVAIL EST SIMPLE. ON EMBALLE ET ON POUSSE SUR LE CONVOYEUR.

POUR EMBALLER, ON ACTIONNE UNE PETITE MACHINE.
ON PLACE DEUX FEUILLES DE CARTON DE CHAQUE CÔTÉ.
ÇA COLLE ET ÇA EMBALLE.
AUJOURD'HUI, C'EST ROBOTISÉ.
ON FAIT ÇA UNE PARTIE DE LA NUIT.
CELUI-LÀ, TU LE PLACES AU FOND.
OK.
ENSUITE ÇA SE CALME.
C'EST VRAIMENT LA PLANQUE, CE BOULOT.
JE M'ASSOUPIS ET, À MON RÉVEIL, JE SUIS SEUL.
HELLO!
IL EST PARTI?
HÉ OH!
Y'A QUELQU'UN?

JE VAIS Y ALLER.
TOI, ATTENDS JUSQU'À 6 HEURES POUR PARTIR.
OK, MERCI ...
6 HEURES ...
FAUT PAS QUE JE RATE L'HEURE ...
FAUT PAS QUE J'M'ENDORME...

DERNIÈRE SEMAINE DE L'ÉTÉ À L'USINE.
EN SEPTEMBRE, JE REPARS POUR MA DEUXIÈME ANNÉE EN ANIMATION. J'AI HÂTE D'Y ÊTRE.
AU DÉBUT DE JUILLET, J'AI CROISÉ JIM QUI S'OCCUPAIT D'UN NOUVEAU.
SALUT, L'ARTISTE.
HELLO !
UN GARS SYMPA QUE J'AI REVU QUELQUES FOIS.
IL PORTAIT UNE PETITE TRESSE.
ON NE VOIT JAMAIS DE CHEVEUX LONGS À L'USINE.
PAR SÉCURITÉ SÛREMENT, MAIS AUSSI PAR CONFORMISME.
UCLA
AUCUNE FILLE NE TRAVAILLE ICI.
ET LES GARS QUI SORTENT DE L'ORDINAIRE, CE N'EST PAS TRÈS POPULAIRE DANS CE MILIEU.
HECT
PAIN A LA VI
EN REGARDANT CETTE TRESSE, J'AI SONGÉ :
MMM... ÇA NE PASSERA PAS.
DEUX MOIS PLUS TARD, J'ASSISTE À CE SPECTACLE...

UN DES GARS QUI TRAVAILLENT ICI TOUTE L'ANNÉE TIENT SON CUTTER DANS UNE MAIN ET DANS L'AUTRE, LA TRESSE DU NOUVEAU.
!
ET TAC!
IL RIGOLE, LE NOUVEAU BEAUCOUP MOINS.
HA HA HA HA!
TRÈS DRÔLE.
IL ESSAIE DE RAMENER ÇA À UNE QUESTION DE SÉCURITÉ.
C'ÉTAIT TROP DANGEREUX ...
MAIS ON VOIT BIEN QU'IL S'AGIT D'AUTRE CHOSE.
ÇA POUVAIT SE COINCER DANS UNE MACHINE!
QUELLE HORREUR!
DERRIÈRE, ON APPRÉCIE LE SPECTACLE.
HA HA!
ÇA LUI PENDAIT AU NEZ.
HA HA!
APRÈS CE DIVERTISSEMENT, CHACUN RETOURNE À SON POSTE.
L'INCIDENT EST CLOS. LA NORMALITÉ A REPRIS LE DESSUS.

UNE FOIS PAR AN, IL Y A UN NETTOYAGE GÉNÉRAL.
C'EST LA PREMIÈRE FOIS QUE J'Y PARTICIPE.
JE REJOINS UNE ÉQUIPE QUI EST DÉDIÉE À CETTE TÂCHE.
T'AS-TU DES BOTTES EN CAOUTCHOUC ?
ON COMMENCE PAR UN ÉNORME TUBE QUI SERT À FILTRER LA PÂTE.
C'EST COUVERT DE PETITS TROUS QUI FINISSENT PAR SE BOUCHER.
ÇA ME CHANGE DU MANIEMENT DE LA GRUE.

ON SE DÉPLACE DANS DES DÉCORS DE SCIENCE-FICTION.
CETTE USINE EST PLUS GRANDE QUE JE CROYAIS.
PENDANT LA PAUSE, J'ÉCHANGE AVEC LE CHEF DE SECTION.
ET EN SEPTEMBRE ?
RETOUR AUX ÉTUDES.
JE LUI EXPLIQUE CE QUE JE FAIS.
TU DESSINES ?
OUI, J'AIME BIEN.
MOI AUSSI, J'ADORE.
TU PEUX DESSINER MON PORTRAIT ?
EUH... C'EST PAS TROP MA SPÉCIALITÉ.
NE SACHANT PAS REFUSER, JE ME RETROUVE AVEC UN MORCEAU DE CARTON (FABRIQUÉ ICI MÊME) ET UN CRAYON, À FAIRE DE MON MIEUX.

JE M'APPLIQUE...
MAIS TRÈS VITE, JE SENS QUE ÇA NE VA PAS ÊTRE TERRIBLE.
AÏE !
JE PRENDS QUAND MÊME MON TEMPS, J'ESSAIE DE ME CONCENTRER ET D'IGNORER LES REGARDS DUBITATIFS DE MES CAMARADES.
À L'ÉPOQUE, J'AI UNE GRANDE CONFIANCE EN MOI ET J'ARRIVE À ME CONVAINCRE QUE JE VAIS MALGRÉ TOUT ÉPATER LA GALERIE.
VOILÀ !
SUPER !
VU LA RÉACTION, CE N'EST PAS UN FRANC SUCCÈS.
AH, EUH...
COMME JE DISAIS, C'EST PAS MA SPÉCIALITÉ, LES PORTRAITS...
NON, C'EST PAS MAL...
C'EST, COMMENT DIRE...
VOILÀ ! PETITE LEÇON DE MODESTIE DANS UNE USINE DE PÂTE ET PAPIER.

PENDANT CETTE DERNIÈRE SEMAINE D'AOÛT, JE TRAVAILLE À NOUVEAU AVEC L'ÉQUIPE DE NETTOYAGE.
T'AS DÉJÀ VU LES TOITS ?
JE CROIS PAS, NON.
C'EST PAR LÀ, AU BOUT, TU MONTES...
AH.
BON, MOI JE VAIS À LA DOUCHE. IL EST BIENTÔT 7H00, JE NE TIENS PLUS DEBOUT.
MOI AUSSI, JE SUIS CREVÉ.

WOW!

AU TERME DE MA DEUXIÈME ANNÉE EN ANIMATION, JE ME SENS JUSTE ASSEZ CONFIANT POUR DÉMARCHER UN TRAVAIL D'ÉTÉ DANS MA BRANCHE.
ON NE SAIT JAMAIS! SINON JE RETOURNERAI À L'USINE.
JE TROUVE UNE LISTE DE PRODUCTEURS DANS UNE REVUE SPÉCIALISÉE ET JE PASSE DES COUPS DE FIL.
BONJOUR, EUH... JE SUIS ÉTUDIANT EN DESSIN ANIMÉ ET EUH... JE ME DEMANDAIS SI ...
J'OBTIENS TROIS RENDEZ-VOUS.
TOUS À MONTRÉAL.
LE PREMIER EST UN VIEUX PRODUCTEUR EN SEMI-RETRAITE.
JE CONNAIS CERTAINS DE SES FILMS.
ON DISCUTE, JE PASSE UN BON MOMENT, MAIS IL N'A RIEN POUR MOI CÔTÉ BOULOT.
LE DEUXIÈME EST UN PETIT STUDIO. POUR LE MOMENT ILS N'ONT PAS DE PROJETS EN COURS MAIS ILS GARDENT MES COORDONNÉES.
THANKS.
DRING
3e ET DERNIER ESSAI.

BONJOUR!
TU PEUX FERMER LA PORTE, S'IL TE PLAÎT ?
DONC, ÇA SERAIT POUR UN BOULOT D'ÉTÉ ?
OUI, IL ME RESTE UNE ANNÉE POUR FINIR MES ÉTUDES.
ÉCOUTE, TON PORTFOLIO EST SOLIDE ET ON A UNE SÉRIE QUI COMMENCE. JE PEUX TE PROPOSER DU TRAVAIL MAIS IL FAUT QUE TU T'ENGAGES SUR LA DURÉE DE LA PRODUCTION.
AU MOINS DEUX ANS.
AH! ...
EUH ...
OK.
JE SUIS PARTANT.

ET C'EST AINSI QU'EN UNE POIGNÉE DE SECONDES, MA VIE A BASCULÉ DANS LE MONDE PROFESSIONNEL. J'AI DIT ADIEU À MES ÉTUDES ET ADIEU À CETTE USINE DE PÂTE ET PAPIER QUI CONTINUERA À TOURNER ET À FUMER NUIT ET JOUR, HIVER COMME ÉTÉ. MAIS DORÉNAVANT, CE SERA SANS MOI.

APRÈS AVOIR PASSÉ LA MOITIÉ DE SA VIE DANS CETTE USINE, SUIVIE DE LONGUES ANNÉES DE RETRAITE, MON PÈRE EST MORT À 89 ANS.
BING BANG!
AVEC MON FRÈRE, ON SE CHARGE DE VIDER SON APPARTEMENT.
BLING!
ET L'"ENCYCLOPAEDIA BRITANNICA"?
POUBELLE!
T'ES SÛR? C'EST QUAND MÊME UN VIEUX TRUC... SUR EBAY, ÇA POURRAIT INTÉRESSER QUELQU'UN?
TU VEUX T'EN OCCUPER?
EUH ...
BAH NON, J'AURAI JAMAIS LE TEMPS AVANT DE REPARTIR.
DONC, POUBELLE!
MMM ...
BLING BLANG

OH!
MES LIVRES.
ILS Y SONT TOUS.
JE ME FAISAIS UN DEVOIR DE LUI ENVOYER CHACUN DE MES ALBUMS.
EST-CE QU'IL LES A LUS ?
TIENS, CELUI-CI EST DÉDICACÉ.
À mon père,
ton fils,
Guy
DELISLE 2020

Les chansons évoquées dans cet album sont des extraits de :
Old Man - Neil Young (Neil Young / Strictly Songs France) en page 34
Supper's Ready - Genesis (Genesis / Marconi Soc) en page 103